続・動詞の意味を分解する

開拓社
言語・文化選書
82

続・動詞の意味を分解する

変化の尺度・目的動詞・他動性

出水孝典 著

開拓社

は じ め に

　この本は，2018 年 3 月に開拓社より出版された拙著『動詞の意味を分解する —— 様態・結果・状態の語彙意味論 ——』の続編として書かれたものです。

　前著で取り上げたのは，Beth Levin と Malka Rappaport Hovav という 2 人の言語学者がこれまで提唱してきた，事象スキーマ（事象構造鋳型）に基づいて動詞の語彙意味表示を作り出す理論です。しかも，彼女らの理論の概説書としての役割を兼ねつつ，そこに見られる不備を私なりに修正したものを書き記した本となっていました。

　現行の彼女らの理論が，基本的な形式を備えて世に現れたのは，Rappaport Hovav and Levin (1998) という論文によってでした。それからすでに 20 年以上が経過し，その理論にはさらに発展した部分もありますし，それに対する批判と代替案の提案もありました。また，前著で取り上げなかった事柄で，彼女らの理論と関連づけると興味深いものもあります。それらを紹介することで，英語学（特に動詞の意味論）を学んでいる学部学生・大学院生にとって，さらなる興味を喚起したり，新たな知見を提示したりできればと思ったことが，この続編を書こうと私が思った動機です。

　初めの第 1 章では，前著で取り上げた内容（第 7 章は除く）の振り返りをします。しかも，単なるまとめではなく，前著を読んだ人が続けて読めばさらにその理解を補うものとなるような書き方を試みました。

　次の第 2 章では，これまでなんとなく様態・結果と呼んできた

ものが，実はそれぞれ，尺度のない変化と尺度のある変化を指すのだということを紹介します。このような考え方は，最初の整った理論が提示された 1998 年から 10 年後に，Rappaport Hovav（2008）で提示され，Rappaport Hovav and Levin（2010）でもある程度説明されています。それによって，前著でも取り上げた様態・結果の相補性というのは，尺度のある変化とない変化の相補性として再定義されることになりました。この章では，変化の尺度とはどのようなものなのか，尺度のない（つまり，尺度を想定できない）変化とはどのようなものなのかを，これらの論文を引用しながら説明していきます。

　続く第 3 章では，Fellbaum（2013）が様態動詞，結果動詞に追加すべき第 3 の分類として提案した目的動詞について見ていきます。初めにこのような分類を設定する根拠となる，動詞間に見られる 2 種類の上下関係を紹介します。それから第 2 章で様態動詞と対応付けた尺度のない変化を目的動詞も同様に表すことから，目的動詞は第 3 の分類などではなく，様態動詞の下位分類だということを議論します。そして，Semin and Fielder（1992）という社会心理学の論文による知見も取り入れながら，従来の狭い意味での様態動詞と，目的動詞の間には，記述的か解釈的かという違いが見られることを主張します。

　第 4 章では，日本語動詞「走る」や英語動詞 run に見られる多義性を，第 3 章で導入した動詞の分類も踏まえながら，前著の第 9 章をさらに発展させた形で分析していきます。さらに，同様の多義性が日本語動詞「歩く」や英語動詞 walk には見られないことを説明するために，第 5 章で Ritter and Rosen（1996）による動詞の意味指定の強弱という概念を紹介します。これは簡単に言うと，動詞 run の意味指定が漠然とした弱いものであるため，意味的な縛りが

弱くさまざまな使い方ができるのに対して，動詞 walk の意味指定は明確で強いものであるため，意味的な縛りが強く使える用法が限られてくるということです。さらに，同様の強弱の差が，kill, murder, assassinate の間にも見られることを，kill と assassinate の用例を検討しながら学んでいきます。

最後の第6章では，事象スキーマと語根の根本的性質について見直しながら，そもそも他動詞らしい他動詞とはどんなものなのか，つまり他動性の正体に迫ります。具体的には，古典的論文である Hopper and Thompson (1980) の提唱した他動性 (transitivity) という概念を紹介した後，それを発展させた Levin (1999) による「中核的他動詞」(core transitive verb) という概念を紹介します。結局，いかにも他動詞らしい他動詞というのは，使役動詞（使役的状態変化動詞）なのですが，なぜそのようなことが言えるのかを考えていきます。最後に，他動性の一要因である「被影響度」(affectedness) を判別するテストを Beavers (2010, 2011) より紹介し，具体的な動詞がどのように分析されているのかを示します。

本を一冊書くというのはやはり大変な作業なのですが，前著を書いた後，そこに書けなかった内容で，動詞の意味論を学んでいる学部学生・大学院生にどうしても知っておいてほしい内容があることを意識したことが，この本を書こうと思ったきっかけです。予備知識のない読者でも理解しやすいように，さまざまな具体例を挙げながら平易に解説することを試みました。前著に引き続き，興味をもって読んで頂ければ，著者の私としてはうれしく思います。

目　次

はじめに　*v*

第1章　「動詞の意味を分解する」を振り返る！ ····················· *1*

1.1.　はじめに　*1*
1.2.　動詞の意味表示は7種類！　*2*
1.3.　意味表示の元になる事象スキーマは4種類！　*10*
1.4.　語根の参与者 vs 意味表示の項　*12*
1.5.　4種類の事象スキーマと7種類の意味表示パターン　*15*

第2章　様態とか結果って結局何なの？ ····························· *21*

2.1.　はじめに　*21*
2.2.　尺度のある変化と尺度のない変化　*22*
2.3.　尺度のある変化と状態変化動詞・移動結果動詞　*25*
　　2.3.1.　特性尺度　*27*
　　2.3.2.　経路尺度　*32*
2.4.　尺度のない変化と様態動詞　*35*
　　2.4.1.　尺度のない複合的変化　*35*
　　2.4.2.　尺度のない漠然とした活動　*39*
2.5.　まとめ　*42*

第3章　目的動詞って動作動詞の第3の分類？ ····················· *43*

3.1.　はじめに　*43*

x

3.2. 動詞間に見られる 2 種類の上下関係　*45*
3.3. 目的動詞と尺度のない変化　*53*
3.4. 記述行為動詞と解釈行為動詞　*57*
3.5. 動詞の分類の再整理　*60*
3.6. 具体例の解釈　*62*
　3.6.1. 動詞 help の具体例とその解釈　*63*
　3.6.2. 動詞 cheat の具体例とその解釈　*66*
3.7. まとめ　*67*

第 4 章　多くの意味がある動詞ってなんでそうなってるの？ … 69
4.1. はじめに　*69*
4.2. 語根のフレーム意味論　*70*
4.3. 語の多義性　*75*
4.4. 日本語動詞「走る」の多義性　*81*
4.5. 英語動詞 run の自動詞用法　*87*
4.6. 英語動詞 run の他動詞用法　*94*
　4.6.1. 目的語のみを取る用法　*95*
　4.6.2. 目的語と前置詞句を取る用法　*100*
4.7. まとめ　*109*

第 5 章　動詞の強いやつと弱いやつ！ …………………………… *111*
5.1. はじめに　*111*
5.2. 動詞 run と walk　*113*
　5.2.1. 動詞 run と walk の共通点　*113*
　5.2.2. 動詞 run と walk の違い　*117*
　5.2.3. 意味指定の強弱という概念　*120*
5.3. 動詞の意味指定の強弱と動詞カテゴリー　*125*
5.4. 動詞 kill とその類義語　*134*
5.5. 弱い動詞 kill の多義性　*138*
5.6. 強い動詞 assassinate の目的語　*141*
5.7. まとめ　*144*

第6章　他動詞らしさって何かあるの？ ……………………… *147*

　6.1.　はじめに　*147*
　6.2.　Hopper and Thompson (1980) の他動性　　*149*
　6.3.　Levin (1999) の中核的他動詞＝使役動詞　　*154*
　6.4.　中核的他動詞≠行為動詞・到達動詞・状態動詞　　*157*
　6.5.　被動目的語と達成目的語　*161*
　6.6.　中核的他動詞でないもの＝非中核的他動詞　　*170*
　6.7.　被影響度を反映する言語現象　*174*
　6.8.　まとめ　*183*

おわりに ……………………………………………………… *185*

参考文献 ……………………………………………………… *187*

索　　引 ……………………………………………………… *191*

第 1 章 「動詞の意味を分解する」を振り返る！

1.1. はじめに

　動詞というのは，会話や文章のなかで至る所に出てきます。英語でも日本語でも，一つの文の中にふつうは一つ以上の動詞が含まれているからです。でも，言語学などを学んだことのない人なら，動詞が表す意味について，深く考えたりすることはあまりないでしょう。それぞれの動詞がまとまりや統一感もなくばらばらに，いろんなことを表していると思っていることでしょう。

　前著である出水（2018）では，様々な動詞の意味の中に，多くの動詞に共通して見られる部分（構造的部分）と，それぞれの動詞ごとに異なる部分（語彙固有の部分）の2種類があることを見ました。また，Levin と Rappaport Hovav による語彙意味論でそれらをどのように書き表している（専門的な言い方をすると「表示している」(represent)）のかを紹介しました。それを以下で簡単に振り返ってみましょう。

　以下の構成を予告しておきます。初めに2節で動詞の表す意味に関する7種類の分類，および各分類の動詞に対応する意味表示

2

を見ます。続く 3 節では，そのような意味表示のもとになる事象スキーマが 4 種類であることを見ていきます。さらに 4 節で，意味表示内にある x や y のような主語や目的語に対応する要素を項と呼ぶこと，項には構造項と語根項の 2 種類があることを説明します。最後の 5 節では全体のまとめをした上で，7 種類の意味表示と 4 種類の事象スキーマの対応関係を再整理します。

1.2. 動詞の意味表示は 7 種類！

　以下この節で提示していく (1)–(7) の文はすべて，主語が John で一つの動詞を含んでいます。英語の例文とその日本語訳を読んで，それぞれの動詞が表す意味について少し考えてみましょう。

(1) a.　John killed Harry.（ジョンはハリーを殺した）

　　b.　John broke a window.（ジョンは窓を割った）

　　c.　John opened the door.（ジョンはドアを開けた）

(1) の動詞はいずれも，使役動詞（あるいは使役的状態変化動詞）と呼ばれるもので，主語によって表される x が何かする結果，目的語によって表される y に状態変化が生じることを表します。いわば〔x（＝主語）が y（＝目的語）を「… になるようにする」動詞〕なのです。つまり，主語の John が何かをして，その結果，目的語の Harry, a window, the door が何か別の状態になる，つまり状態変化するというのが，(1) の動詞に共通する意味です。複数の動詞に共通するこのような意味要素のことを，動詞の意味の構造的部分と言います。

　これらの場合，主語の John は必ず何かするのですが，どのようにするのかは，それぞれの動詞の意味そのものからはわからないと

いう特徴があります。つまり動詞は語彙の意味として，行為の「どのように」という部分（これを専門的には行為の「様態」(manner) と呼びます）を指定していないのです。一方，目的語によって表される Harry, a window, the door がどのようになるのか，つまり結果状態については，それぞれの動詞ごとに決まっていて，(1a) の kill だと〈殺されている状態〉，(1b) の break だと〈割れている状態〉，(1c) の open だと〈開いている状態〉ということになります。したがって，動詞が結果状態を語彙的に指定しているのです。この場合の結果状態のように，それぞれの動詞が個別に指定している意味要素のことを，動詞の意味のうち，語彙固有の部分と呼びます。

出水（2018）で使っていた Levin と Rappaport Hovav による一連の研究で用いられている動詞の意味表示では，動詞の意味の構造的部分を「基本述語」(primitive predicate) と呼ばれる ACT, CAUSE, BECOME という述語によって表すのに対して，語彙固有の部分はそれぞれの語を大文字にして ＜ ＞ に入れた「語根」(root) によって示します。このような表記法に従って，(1) の動詞を意味表示すると，以下のようになるというのが，出水（2018: 25-31）で説明してきたことでした。

(1′) a.　[[x ACT] CAUSE [BECOME [y *<KILLED>*]]]
　　　　〔x が y を「〈殺されている状態〉になるようにする」他動詞〕

　　 b.　[[x ACT] CAUSE [BECOME [y *<BROKEN>*]]]
　　　　〔x が y を「〈割れている状態〉になるようにする」他動詞〕

　　 c.　[[x ACT] CAUSE [BECOME [y *<OPEN>*]]]
　　　　〔x が y を「〈開いている状態〉になるようにする」他動詞〕

(1′) では，「x が何かしてそれによって y が状態変化する」という

意味の構造的部分が，[[x ACT] CAUSE [BECOME [y]]] という基本述語の組み合わせで表されています。一方，語彙固有の意味を表す語根は < > に入れられた形で，y の後の位置に置かれています。結果状態が当てはまるのは y に関してなので，y の横に結果状態を表す語根が置かれていると考えてください。そして [y *<KILLED/BROKEN/OPEN>*] は BECOME が取る要素としてその直後に置かれ，そのような結果状態になるということを表しているのです。以上のように，Levin と Rappaport Hovav による動詞の意味表示では，意味の構造的部分と語彙固有部分をそれぞれ違う形式で表示したものを，決まった形で組み合わせて表すのでした。なお，それぞれの意味表示の下にある日本語表記は，出水（2018）と同様，おおまかな意味内容を日本語で示したものです。

　他の動詞も続けて見ていきましょう。まず「… になる」の意味を表す動詞を見てみましょう。

- (2) a. John found his hat.（ジョンは自分の帽子を見つけた）
    - b. John entered the room.（ジョンは部屋に入った）
- (3) a. John died.（ジョンは死んだ）
    - b. John arrived.（ジョンは到着した）

(2) (3) の動詞はいずれも，主語によって表されるものに状態変化が生じることを表します。これらは〔y（= 主語）が「… になる」動詞〕であり，出水（2018: 65–66, 68–74）で到達動詞と呼んで説明したものです。主語の John が何か別の状態になったり，別の位置に存在するようになったりする，つまり状態変化するというのがこれらの動詞に共通する意味の構造的部分です。

　なお，(2a) (2b) (3a) (3b) で John は何かしたかもしれませんが，それは動詞そのものの意味には含まれていません。そのため，

John が何かしたかどうかは、どちらでも（あるいは、どうでも）いいことなのです。この点で到達動詞は、John が何かをすることを必ず意味する（語彙的に指定する）(1) の使役動詞（使役的状態変化動詞）とは異なっています。また (1) では状態変化するのが目的語の表すものなのに対して、(2) (3) では主語の John が状態変化するという違いもあります。

　さて、(2) (3) で主語の John がどのような結果状態になるのかは、やはりそれぞれの動詞ごとに決まっていて、(2a) の find だと何か（ここでは帽子）を〈見つけている状態〉、(2b) の enter だと、ある場所（この場合は部屋）の〈中にいる状態〉、(3a) の die だと〈死んでいる状態〉、(3b) の arrive だと、ある場所に〈到着している状態〉になります。これらはいずれも動詞の意味のうち、語彙固有の部分だということになります。

　さらに、(2) (3) の間にも違いが見られます。(2a) の find が his hat、(2b) の enter が the room と、それぞれ目的語を取っている（つまり他動詞である）のに対して、(3a) の die や (3b) の arrive は目的語を取っていません（つまり自動詞です）。なので、(2) の場合だけ、目的語を表す z を下線付きで付け加えた意味表示をすることになります。[1]

　以上を踏まえて (2) (3) の動詞を意味表示すると、次のようになります。[2]

---

　[1] 意味表示で目的語に対応するアルファベットのうち、一部に下線が引いてある理由は、後の 1.4 節で説明します。
　[2] 実は (1) の動詞のうち自動詞用法のある break と open が (i) のように自動詞で使われたときも、(3) と同じような意味になっていると考えられます。このように同じ動詞が他動詞形でも自動詞形でも使われる場合、それらは使役交替の関係にあると言います（使役交替については、出水 (2018: 157-159) を参照し

6

(2′) a. [BECOME [y <*FOUND*> z]]

〔y が z に対して「〈見つけている状態〉になる」他動詞〕

b. [BECOME [y <*ENTERED*> z]]

〔y が z に対して「〈中にいる状態〉になる」他動詞〕

(3′) a. [BECOME [y <*DIED*>]]

〔y が「〈死んでいる状態〉になる」自動詞〕

b. [BECOME [y <*ARRIVED*>]]

〔y が「〈到着している状態〉になる」自動詞〕

この場合も，意味の構造的部分が [BECOME [y]] という基本述語で表示されています。語彙固有の意味を表す語根が < > に入れられた形で y の後の位置に置かれ，全体が BECOME の取る要素になってるのは，(1′) の使役動詞（使役的状態変化動詞）の場合と同じです。

　続けて「... する」の意味に当てはまる動詞を見ていきましょう。

(4) a. John swept the floor.（ジョンは床を掃いた）

b. John hit Harry.（ジョンはハリーを殴った）

(5) a. John ran.（ジョンは走った）

b. John waited.（ジョンは待った）

―――――――――――

てください）。

(i) a. A window *broke*.（窓が割れた）

b. The door *opened*.（ドアが開いた）

これらの意味表示は (3′) 同様の以下のようなものになります。

(i′) a. [BECOME [y <*BROKEN*>]]

〔y が「〈割れている状態〉になる」自動詞〕

b. [BECOME [y <*OPEN*>]]

〔y が「〈開いている状態〉になる」自動詞〕

第1章 「動詞の意味を分解する」を振り返る！ 7

(4) (5) の動詞はいずれも，主語によって表されるものが，あるやり方（すなわち様態）で何かすることを表し，これが意味の構造的部分です。これらの動詞は言わば〔x（＝主語）が「… する」動詞〕です。(4a) (4b) (5b) が出水 (2018: 31-37) で様態動詞（行為動詞）として取り上げたものであり，(5a) は出水 (2018: 42-47) で移動様態動詞として論じたものです。

(4) (5) でそれぞれの動詞ごとに決まっているのは，主語のJohn がどのようにするのか，つまり主語が行う行為の様態です。(4a) の sweep だと，ある表面（ここでは床）に対して〈掃く様態で〉行為を行うこと，(4b) の hit では対象（この場合ハリー）に対して〈殴る様態で〉行為を行うこと，(5a) の run では一人で〈走る様態で〉行為（移動）を行うこと，(5b) の wait では一人で〈待つ様態で〉行為を行うことがそれぞれ，語彙固有の意味として表されているのです。

(2) (3) と同様に，(4) (5) の間にも他動詞か自動詞かという違いが見られます。(4a) の sweep が the floor，(4b) の hit が Harry という目的語を取っている他動詞なのに対して，(5a) の run や (5b) の wait は目的語を取っていない自動詞となっています。そのため，やはり (4) の場合だけ，目的語を表す y を下線付きで付け加えた意味表示をすることになります。具体的な (4) (5) の意味表示は以下の通りです。

(4′) a. [x ACT$_{<SWEEP>}$ y]
〔x が y に対して「〈掃く様態で〉する」他動詞〕
b. [x ACT$_{<HIT>}$ y]
〔x が y に対して「〈殴る様態で〉する」他動詞〕

(5′) a.　[x ACT_{<RUN>}]
　　　　　〔x が「〈走る様態で〉する」自動詞〕
　　　b.　[x ACT_{<WAIT>}]
　　　　　〔x が「〈待つ様態で〉する」自動詞〕

この場合，意味の構造的部分が [x ACT] という基本述語で表され，語彙固有の意味を表す語根は< >に入れられ，ACT 述語に対する修飾要素としてACTの右下に添えるような形で表示されています。〈… 様態で〉というのは意味的に「… する」の修飾語なので，ACT が取る要素というよりも ACT を修飾する要素だと考えられます。そして，この修飾語のような意味要素であるということを示すために，下付き文字で表記して ACT にくっつけた形にするのです。

　最後に「… である」の意味を表す動詞（これらは状態動詞と呼ばれるもので，出水（2018: 79-100）で詳細に扱っています）を見ていきます。

(6) a.　John resembled Harry.（ジョンはハリーに似ていた）
　　b.　John knew Harry.（ジョンはハリーを知っていた）
(7) a.　John excelled.（ジョンは優れていた）
　　b.　John existed.（ジョンは実在した）

(6)(7) の状態動詞はいずれも，主語によって表されるものがある状態にあることを表します。これらは〔y（＝主語）が「…（である）」動詞〕と表記しておきます。(6)(7) だと，主語の John が何らかの状態にあるというのが共通する意味の構造的部分です。

　(6)(7) で動詞ごとに決まっている意味は，主語の John がどのような状態にあるのかということです。(6a) の resemble だと，ある対象（この場合はハリー）に対して，〈類似している状態〉であ

ること，(6b) の know だとやはり対象であるハリーに対して〈知っている状態〉であることを表します。また，(7a) の excel だと，何らかの分野や技能において〈優れている状態〉であること，(7b) の exist は実際に〈存在している状態〉であることを意味しています。このような主語の現在ある状態が，語彙固有の意味として表されているわけです。

これまでの場合と同じく，(6) (7) の間にも他動詞か自動詞かという違いが見られます。(6) では resemble，know がいずれも Harry を目的語とする他動詞であるのに対して，(7) の excel，exist は共に目的語がなく自動詞です。したがって，この場合も (6) では，目的語を表す z を下線付きで付け加えた意味表示をすることになります。

さて，このような意味を表示しようとする場合，一つ問題があります。基本述語の ACT，CAUSE，BECOME はいずれも何らかの変化を表すため，変化しない状態は表せないのです。そのため，出水 (2018: 81) でも述べているように，状態動詞の場合，基本述語を含まない [y　　] が意味の構造的部分を表し，y の後の部分に直接，語彙固有の意味を表す語根が，y の状態について述べる要素として＜　＞に入れられた形で置かれることになります。状態動詞の意味表示は以下のようになります。

(6′) a.　[y *<RESEMBLE>* z]
　　　　〔y が z に対して「〈類似している状態〉」動詞〕
　　b.　[y *<KNOW>* z]
　　　　〔y が z に対して「〈知っている状態〉」動詞〕
(7′) a.　[y *<EXCEL>*]　〔y が「〈優れている状態〉」動詞〕
　　b.　[y *<EXIST>*]　〔y が「〈存在している状態〉」動詞〕

1.3. 意味表示の元になる事象スキーマは4種類！

　以上で (1)–(7) までの7種類の動詞が，どのような意味的特徴をもっていて，どのように意味表示されるのかを見てきました。意味表示自体は (1′)–(7′) の7種類あったわけですが，下線付きの y や z を無視すると，基本述語の ACT, CAUSE, BECOME（あるいはいずれも含まない場合）の組み合わせ方は (1) の使役動詞，(2) (3) の到達動詞，(4) (5) の様態動詞，(6) (7) の状態動詞の4種類しかないことに気づいたでしょうか。このような，動詞の意味の構造的部分に相当する基本述語の組み合わせは，いろいろな動詞の意味の公約数的な部分であり，具体的な動詞の意味を抽象化・構造化して得られる知識形態に相当し，今日の認知言語学で事象スキーマ（event schema）と呼ばれるものです。Levin (1999) ではこの4種類を，単独の事象スキーマからなる (8) の「単純事象スキーマ」と，(8a) と (8c) が CAUSE 述語で結びつけられ複合的な構造になっている (9) の「複合事象スキーマ」に分けています。

(8)　単純事象スキーマ（simple event schema）:

a.　[x ACT$_{<MANNER>}$]　(activity)

　　〔x が「... する」動詞〕（行為動詞）

b.　[y $<STATE>$]　(state)

　　〔y が「... (である)」動詞〕（状態動詞）

c.　[BECOME [y $<STATE>$]]　(achievement)

　　〔y が「... になる」動詞〕（到達動詞）

(Levin (1999: 229); 出水 (2018: 103))

(9) 複合事象スキーマ (complex event schema):

[[x ACT] CAUSE [BECOME [y <*STATE*>]]] (causative)

〔x が y を「... になるようにする」動詞〕（使役動詞）

(Levin (1999: 230); 出水 (2018: 103))

事象スキーマのうち <*STATE*> と _{*MANNER*} は語根が組み込まれる部分で，具体的な中身が決まっていません。そして，これらの部分にそれぞれの動詞の語根が組み込まれることによって，動詞の意味全体の意味表示ができます（この仕組みの詳細については，出水 (2018: 60-121) で詳しく説明していますので，そちらをご参照ください）。<*STATE*> の部分に入るのは，〈... ている状態〉の意味をもつ動詞の語根で，_{*MANNER*} の部分に入るのは，〈... 様態で〉の意味をもつ動詞の語根です。

(9) の事象スキーマの <*STATE*> のところに，<*KILLED*>，<*BROKEN*>，<*OPEN*> のような〈... ている状態〉の意味をもつ動詞の語根が組み込まれると，全体で〔x が y を「〈... ている状態〉になるようにする」動詞〕といった意味になります。上の (1) の使役動詞はこのようにしてできた (1′) の意味表示をもつ動詞だったというわけです。なお，(9) の <*STATE*> というのは，もっと厳密に言うと，動作主の使役の結果として生じた「使役的結果状態」 (caused result state) なので，出水 (2018: 193-195) ではこれを，<*CAUSED-RESULT-STATE*> という表記に変更しました。

また，(8c) の事象スキーマの <*STATE*> に，<*FOUND*>，<*ENTERED*>，<*DIED*>，<*ARRIVED*> といった〈... ている状態〉の意味をもつ動詞の語根が組み込まれると，〔y が「〈... ている状態〉になる」動詞〕の意味になります。これが (2)(3) の到達動詞で (2′)(3′) の意味表示になります。この場合の <*STATE*> も，

厳密には状態変化の結果生じた「結果状態」(result state) なので，出水 (2018: 193–195) では，<RESULT-STATE> に変えています。

さらに，(8a) の事象スキーマの <MANNER> の部分に，<SWEEP>，<HIT>，<RUN>，<WAIT> のような〈… 様態で〉の意味をもつ動詞の語根が組み込まれると，様態動詞になり〔x が「〈… 様態で〉する」動詞〕の意味をもちます。これが (4′) (5′) の意味表示をもつ (4) (5) の様態動詞でした。

最後に，(8b) の事象スキーマの <STATE> のところに，<RESEMBLE>，<KNOW>，<EXCEL>，<EXIST> などの〈… ている状態〉の意味をもつ動詞の語根が組み込まれると，〔y が「〈… ている状態〉」動詞〕，つまり (6′) (7′) の意味表示をもつ (6) (7) の状態動詞ができます。これは単なる状態なので，出水 (2018: 195) でも <STATE> のままにしてあります。

1.4. 語根の参与者 vs 意味表示の項

以上の説明では，何の断りもなしに x, y, z といったアルファベットを，意味表示内で主語や目的語に対応する要素として使ってきました。これらは出水 (2018: 55) で「項」(argument) と呼んでいるもので，文の形になったとき，John や Harry といった具体的な内容が代入される部分です。ここでは，数学の変数みたいなものだと思っておけば問題ありません。

さて，この項ですが，事象スキーマにも意味表示にも存在し下線の引いていないものと，事象スキーマには存在せず意味表示のみに存在し，意味表示で下線が引いてあるものがありますが，これらの違いについて少し説明していきます。

出水 (2018: 39–59) で詳しく説明しているのですが，動詞の意

第1章 「動詞の意味を分解する」を振り返る!　　13

味のうち語根が表す語彙固有の部分には，その動詞が描き出す場面とそこに登場する人・物・事に関する情報が含まれています。このような人・物・事は動詞の描く場面に参加する（participate）ということから，参与者（participant）と呼ばれます。

　こうした情報を含む語根が事象スキーマに組み込まれるわけですが，参与者の数と事象スキーマ内の項の数が同じである場合，そのまま対応付けが行われます。このことを動詞 open について示した以下の図で確認してみましょう。

(10)　*open*「開ける，開（ひら）く」：

（出水 (2018: 67)）

何かを open するという場合，開く人とそのはたらきかけによって開く物の両方が必要です。したがって語根 *<OPEN>* が表す場面には，開く人 と 開く物 の両方が参与者として含まれていることになります。一方，この〈開いている状態〉という意味を表す *<OPEN>* が組み込まれる事象スキーマ（9）には x と y という二つの項が含まれています。そのため，これらはそのまま対応付けられます。

---

[3] これは (9) の事象スキーマですが，出水 (2018: 193-195) に従って，*<STATE>* を *<CAUSED-RESULT-STATE>* に変えてあります。

一方，(5a) の動詞 run の語根 *<RUN>* には「走る人」という参与者が一つだけ含まれていますが，(4a) の動詞 sweep が表す状況には，「掃く人」と「掃く表面」が存在するので，語根 *<SWEEP>* にはそれらに対応する二つの参与者が含まれていなければなりません。これらはいずれも 〈... 様態で〉 の意味をもつため，(8a) の事象スキーマに組み込まれますが，(8a) に含まれている項は x の一つだけです。そのため二つの参与者が含まれている *<SWEEP>* の場合のみ，項の追加という操作が行われます。

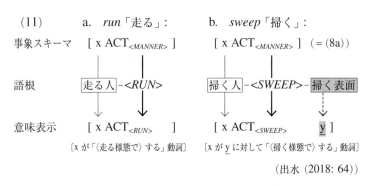

(出水 (2018: 64))

つまり，(11a) のように参与者と項の数が同じなら，それらが対応付けられるだけです。ところが，(11b) のように事象スキーマの項の数が参与者数よりも少なく，語根に含まれる参与者が対応する項をもたずに余ってしまう場合，参与者数に合うように項が追加されます（別の言い方をすると，事象スキーマにはなかった項が，語根の参与者に関する情報によって補充されます）。

このように，意味表示内の項には，事象スキーマに元からあるもの（これを，動詞の意味の構造的部分を抽象化した事象スキーマに含まれている項であるという意味で，構造項 (structure argument) と呼びます）と，参与者の数に合わせるために語根の意味から追加

されるもの（これは語根由来の項なので語根項（root argument）と
呼び，構造項と区別するため下線を引きます）の2種類あるという
ことになります。[4] 上の (2′) (4′) (6′) の意味表示にある下線を引い
た項は，いずれも事象スキーマにはなく語根の意味から追加された
語根項だったというわけです。

1.5. 4種類の事象スキーマと7種類の意味表示パターン

　以上で見てきたことの再整理と補足をします。動詞の意味は，構
造的部分（複数の動詞に共通し事象スキーマで表される部分）と，
語彙固有の部分（それぞれの動詞がもち語根によって表される部分）
からできています。動詞の意味表示というのは，語彙固有の部分を
表わす語根が，構造的部分を表す事象スキーマに組み込まれたもの
なのですが，その場合 ACT の修飾要素になるか，BECOME が取
る要素（紛らわしいですが，これも項と呼びます）になるか，単独
で意味表示を構成するか，という3通りのいずれかの形になりま
す（そしてこの3通りの組み込まれ方がそれぞれ，様態動詞，結果
動詞，状態動詞に対応しているのです）。このように，一つの語根
が事象スキーマ内で一つの基本述語までしか関連づけられず，たと
えば ACT と BECOME の両方に関連づけられて様態結果動詞の
ようなものができることはないという制約は，語彙化制約と呼ば
れ，次のように定義されていました。

---

　[4] 事象スキーマや動詞の意味表示に含まれる x や y のことも Levin と Rap-
paport Hovav は「参与者」と呼んでいますが，これらは抽象的な意味表示内の
要素なので，「項」と呼ぶべきだということを，出水 (2018: 55-56) で詳しく説
明しています。

16

(12) The lexicalization constraint: A root can only be associated with one primitive predicate in an event schema, as either an argument or a modifier.

(Rappaport Hovav and Levin (2010: 25))

(語彙化制約：一つの語根は事象スキーマ内の一つの基本述語と関連づけられるのみである。その場合，述語の項となるか修飾要素となるかのいずれかである) (出水 (2018: 123))

なお，これは基本述語と関連づけられない場合を排除するものではないので，語根が単独で状態動詞を生み出す場合もあるわけです。

なお，語根の参与者の方が事象スキーマの項より多い場合，語根から語根項が補われることは 1.4 節で見ましたが，逆に，項を二つもつ複合事象スキーマに参与者が一つしかない語根を組み込んで，事象スキーマの項の数を参与者数に合わせるという操作は許されません。

参与者数のほうが少ない場合，それに事象スキーマの項の数を合わせようとすると，事象スキーマから x か y を含む部分をどこか引き算することになりますが，そうすると，そもそも事象スキーマという意味の鋳型になる部分に含まれていた要素がなくなってしまい，スキーマである意味がなくなってしまうので，引き算の操作は許されないのです。そのため，複合事象スキーマに組み込まれるのは，参与者が二つある語根となります。

このように，〔x が y を「… になるようにする」動詞〕（使役動詞）の場合，意味表示の項が二つとも構造項になり，引き算の操作が許されない以上，自動詞でこの意味を表わす動詞はないことになります。英語ではこれが一般に当てはまり，使役動詞は必ず他動詞になります。それ以外の動詞では，全部事象スキーマの項が一つな

ので，参与者が二つだと構造項一つ，語根項一つの意味表示をもつ
他動詞になり，参与者が一つだと構造項一つの意味表示をもつ自動
詞になるということです。それぞれの事象スキーマと語根の組み合
わせ，およびそこからできる意味表示を表にしてまとめると，以下
のようになります。[5]

(13)	事象スキーマ	語根と動詞例	意味表示の例
i. 結果 動詞	[[x ACT] CAUSE [BECOME [y *<CAUSED- RESULT-STATE>*]]] 〔x が y を「… に なるようにする」 動詞〕（使役動詞）	開く人 *–<OPEN>* –開く物 kill, break, open, 殺す，壊す，開ける	[[x ACT] CAUSE [BECOME [y *<OPEN>*]]] 〔x が y を「… にな るようにする」他動 詞〕
	[BECOME [y *<RESULT- STATE>*]] 〔y が「… になる」 動詞〕（到達動詞）	発見者 *–<FOUND>* –発見対象 入る人*–<ENTER>* –入る場所 find, notice, see, hear, enter, leave 見つける，気付く， 目〔耳〕に入る， 入る，去る	[BECOME [y *<FOUND>* z]] [BECOME [y *<ENTERED>* z]] 〔y が z に対して 「… になる」他動詞〕
		着く人 *–<ARRIVED>*	[BECOME [y *<ARRIVED>*]]

---

[5] 同様の表は出水（2018: 126-127）にもありますが，ここでも *<STATE>* の
部分に関して，出水（2018: 193-195）で行った修正を反映させた形にしてあり
ます。

		死ぬ人 -<DIED> arrive, come, fall, die, appear, disappear 着く, 来る, 落ちる, 死ぬ, 現れる, 消える	[BECOME [y <DIED>]] 〔y が「... になる」自動詞〕
ii. 様態 動詞	[x ACT_{<MANNER>}] 〔x が「... する」動詞〕(行為動詞)	掃く人 -<SWEEP> -掃く表面 探す人 -<SEARCH> -探す場所 sweep, wipe, hit, kick, search 掃く, 拭く, 殴る, 蹴る, 探す	[x ACT_{<SWEEP>} y] [x ACT_{<SEARCH>} y] 〔x が y に対して「... する」他動詞〕
		走る人 -<RUN> run, walk, jog, work, wait 走る, 歩く, ジョギングする, はたらく, 待つ	[x ACT_{<RUN>}] [x ACT_{<WAIT>}] 〔x が「... する」自動詞〕
iii. 状態 動詞	[y <STATE>] 〔y が「...(である)」動詞〕(状態動詞)	ある人・物・事 -<RESEMBLE> -似ている人・物・事 resemble, love, hate, know 似ている, 愛している, 憎んでいる, 知っている	[y <RESEMBLE> z] [y <LOVE> z] 〔y が z に対して「...(である)」他動詞〕
		存在物 -<EXIST> exist, tower, excel 存在している, そびえている, 優れている	[y <EXIST>] 〔y が「...(である)」自動詞〕

以下の数式表記について補足する。

$[x\ \mathrm{ACT}_{<MANNER>}]$、$[x\ \mathrm{ACT}_{<SWEEP>}\ y]$、$[x\ \mathrm{ACT}_{<SEARCH>}\ y]$、$[x\ \mathrm{ACT}_{<RUN>}]$、$[x\ \mathrm{ACT}_{<WAIT>}]$、$[y\ <RESEMBLE>\ z]$、$[y\ <LOVE>\ z]$、$[y\ <EXIST>]$、$[\mathrm{BECOME}\ [y\ <DIED>]]$

第 1 章　「動詞の意味を分解する」を振り返る！　　19

以上が，出水（2018）で紹介した Levin と Rappaport Hovav によ
る事象スキーマに語根を組み込んでできる動詞の意味表示の再確認
でした。

　さて，ここまで様態とか結果とか状態といった言葉を何となく
使ってきましたけど，直感的な言葉の使い方で，はっきりせずもや
もやする部分がありましたよね。実は Levin と Rappaport Hovav
自身も，1998 年にこの仕組みを有名な Rappaport Hovav and
Levin（1998）で導入した時点では，何となくそんなふうに呼んで
いたにすぎなかったのです。しかしながら，このような漠然とした
用語の使い方はやはりまずいと考えたのか，Rappaport Hovav
（2008）と Rappaport Hovav and Levin（2010）で，様態と結果とい
う概念をもっと厳密に定義しました。それを次章では見ていきます。

第2章　様態とか結果って結局何なの？

2.1.　はじめに

　出水（2018）およびこの本の第1章でずっと，様態と結果という言葉を使ってきましたが，結局これらはどういうものなのでしょうか。この章では，様態・結果という概念を，尺度という概念を用いてもっと厳密に定義していきます。初めに2節で，様態動詞の元になる様態語根が表すのは尺度のない変化であるのに対して，結果動詞の元になる結果語根が表すのは尺度のある変化だということを紹介します。続く3節で，尺度には特性尺度と経路尺度があり，状態変化動詞の結果語根が特性尺度を含むのに対して，移動結果動詞（有方向移動動詞）の結果語根は経路尺度を含むことを見ていきます。4節では様態語根に含まれる尺度のない変化に，変化が複数あるため単一の尺度が抽出できないものと，表す内容が漠然としているため単一の尺度が抽出できないものの2種類あるということを考えます。最後の5節はまとめです。

2.2. 尺度のある変化と尺度のない変化

　第1章で振り返ったように，動詞の意味のうち語彙固有の部分を表す語根には，様態を表すもの（〈… 様態で〉の意味をもつ *<MANNER>*）と状態を表すもの（〈… ている状態〉の意味をもつ *<STATE>* *<RESULT-STATE>* *<CAUSED-RESULT-STATE>*）がありました。でも，説明に使われていた様態や，状態，結果状態といった用語は，非常に直感的で漠然としていました。そして，このような語根のうち，様態を表す *<MANNER>*，結果状態を表す *<RESULT-STATE>*，使役的結果状態を表す *<CAUSED-RESULT-STATE>* は，それぞれ第1章の（12）で見た語彙化制約に従って，*<MANNER>* は ACT 述語の修飾要素に，*<RESULT-STATE>* *<CAUSED-RESULT-STATE>* は BECOME 述語が取る要素（項）になるのでした。その結果，一つの語根からできる一つの動詞は，（状態を表す場合を除けば）様態か結果のいずれか一方しか表すことができないわけです。これが，出水（2018: 9–11）で導入し，出水（2018: 122–124）で理論的な動機付けも含めて詳しく説明した，様態・結果の相補性という概念でした。

(1)　MANNER / RESULT COMPLEMENTARITY: Manner and result meaning components are in complementary distribution: a verb lexicalizes only one.

(Levin and Rappaport Hovav (2013: 49))

（様態・結果の相補性： 様態・結果という意味構成要素は相補分布をなす。つまり，一つの動詞が語彙化するのはいずれか一方のみである）　　　　　　　　　　　　　　　　　（出水（2018: 10, 124））

ところが，様態や結果そのものが，わかったようでよくわからない

第2章 様態とか結果って結局何なの？ 23

漠然とした用語です。そのため，このままではもっと厳密な説明を行うことなどできませんし，理論が正しいか否かをきちんと検証することもできません。このことは次のように言及されています。

(2) The observation that manner / result complementarity is manifested in the verb lexicon can be turned into an empirical claim only if we can provide clear and testable criteria for the notions of manner and result.

(Levin and Rappaport Hovav (2013: 52))

（動詞の語彙目録に様態・結果の相補性が見られるという観察を経験的主張に変えることができるのは，様態や結果という概念に対して我々が明確で検証可能な基準を与えることができる場合のみである）

ここでいう「経験的主張」（empirical claim）というのは，単に理論的にそうなるからという主張ではなく，経験（つまり具体的な言語事実の観察）によって立証・反駁できる主張だということです。これは結局，様態・結果の相補性というものをきちんと検証するためには，様態・結果といった概念そのものを，何らかの基準に基づいてちゃんと定義する必要があるということなのです。

以上のようなことを踏まえて，Levin と Rappaport Hovav は，2008 年以降，状態動詞以外の動詞，つまり動作動詞（dynamic verb）である様態動詞・結果動詞を区別するために，基準として尺度（scale）という概念を導入しました。

(3) Manner and result verbs are dynamic, and all dynamic verbs involve change (Dowty 1979). There is a fundamental distinction, however, between two types of change

which are lexicalized by verbs: scalar and non-scalar changes. (Rappaport Hovav and Levin (2010: 28))

（様態動詞・結果動詞は動的であり，動的な動詞はすべて変化を含む。しかしながら，動詞が語彙化している二つのタイプの変化間には根本的な区別が存在する。尺度のある変化と尺度のない変化である）

そして，この尺度のある変化という概念が，移動結果動詞と状態変化動詞に共通して見られる意味概念であると考えます。

(4) In […] Rappaport Hovav (2008) and Rappaport Hovav and Levin (2010), we suggest that the semantic notion which unifies directed motion and change of state is scalar change. (Levin and Rappaport Hovav (2013: 52))

（Rappaport Hovav (2008) や Rappaport Hovav and Levin (2010) で我々が言おうとしているのは，意味的な概念のうち，有方向移動 ［＝移動結果］ と状態変化をまとめて扱うことのできるものは，尺度のある変化だということだ）

移動結果動詞と状態変化動詞はいずれも結果動詞なので，そこから，結果動詞のもとになる結果語根は尺度のある変化を表し，様態動詞のもとになる様態語根はそうではない（つまり尺度のない変化を表す）という主張へと Levin と Rappaport Hovav は論を進めていくのです。

(5) We suggest that all result roots specify scalar changes, while all manner roots specify non-scalar changes. These two types of change are in complementary distribution: a root may only lexicalize one type.

(Rappaport Hovav and Levin (2010: 28))

第2章　様態とか結果って結局何なの？　　25

（我々が言おうとしているのは，結果語根がすべて尺度のある変化
を指定するのに対して，様態語根はすべて尺度のない変化を指定
するということである。これら二つのタイプの変化は相補分布を
なす。つまり，一つの語根は一つのタイプのみを語彙化する）

それにしたがって，相補性という概念も，尺度のある変化か尺度の
ない変化のいずれか一方を一つの語根が表すという形で再定義され
ました。

　以下では，尺度とは何か，およびそれが結果と様態の区別にどの
ように関連してくるのかを，Rappaport Hovav（2008）と Rappaport
Hovav and Levin（2010）に沿って見ていきます。

2.3.　尺度のある変化と状態変化動詞・移動結果動詞

　初めに，尺度とはそもそも何かを定義しなければなりません。
Rappaport Hovav（2008）では尺度，およびそれに基づく尺度のあ
る変化を，次のように定義しています。

(6)　A scale is an ordered set of values for a particular attri-
　　bute. A scalar change is one which involves an ordered
　　set of changes in a particular direction of the values of a
　　single attribute and so can be characterized as movement
　　in a particular direction along the scale.

（Rappaport Hovav（2008: 17））

（尺度とは特定の属性に対する，値の順序づけられた集合である。
尺度のある変化は，単一の属性がもつ値の，特定の方向への変化
の順序づけられた集合を含むので，その尺度に沿った特定の方向
への移動として特徴付けることができる）

26

ここでいう尺度とは，簡単に言うと「目盛りのついたものさし」の
ようなものですが，目盛りの値がたくさんついている尺度（多数の
点からなる尺度）と，目盛りの値が二つだけの尺度（2 点からなる
尺度）があります。

(7) a.　Multiple-point scales are associated with attributes
　　　　which can have many values.

　　　　　　　　　　　　　　　(Rappaport Hovav and Levin (2010: 30))

　　　　　　（多数の点からなる尺度が関連づけられるのは，多くの値をも
　　　　　　ちうる属性である）

　　b.　Two-point scales only have two values as they are as-
　　　　sociated with attributes that basically encode having or
　　　　not having a particular property.

　　　　　　　　　　　　　　　(Rappaport Hovav and Levin (2010: 30))

　　　　　　（2 点からなる尺度は，二つの値だけをもつ。そうした尺度が関
　　　　　　連づけられる属性が，ある特性をもつかもたないかを基本的に
　　　　　　コード化しているからだ）

たとえば，あるものを温めたり，冷やしたりすることを使役的結果
動詞で表す場合，英語だと動詞 warm や cool を使うのですが，こ
れらの動詞を使う場合，私たちは温度計のようなものを念頭に置き
ます。温度計の目盛りは低い温度から高い温度までたくさん付いて
いますよね。したがって，これらの動詞は多数の点からなる尺度と
関連づけられるのです。

　一方，あるものが壊れたり割れたりするのに動詞 break を使う
場合を考えてみましょう。ものに当てはまる状態というのはふつ
う，壊れていない状態と壊れている状態の二つしかないですよね。
したがって動詞 break が関連づられるのは，2 点からなる尺度で

す。

Rappaport Hovav (2008) によると尺度は 3 種類あるのですが，結果動詞に関連しているのは，特性尺度 (property scale) と経路尺度 (path scale) なので，それを順に見ていきます。[1]

2.3.1. 特性尺度

まず，特性尺度から見ていきましょう。これは，出水 (2018: 29–31, 156–179) で扱った状態変化動詞に関係しています。

(8) Property scales are associated with change of state verbs such as *lengthen, shorten, dim, open, close, widen* etc.
（特性尺度が関連づけられるのは状態変化動詞であり，lengthen, shorten, dim, open, close, widen などである）

(Rappaport Hovav (2008: 17))

状態変化動詞の例として出水 (2018: 156–179) では動詞 open と break を扱いましたが，(8) で挙げられている動詞はいずれも，Mary opened the door.（メアリーがドアを開けた）のような〔x が y を「… になるようにする」他動詞〕（使役動詞）としての用法と，The door opened.（ドアが開いた）のような〔y が「… になる」自動詞〕（起動動詞・到達動詞）としての用法をもちます。

---

[1] もう一種類の尺度は範囲尺度 (extent scale) と呼ばれるもので，様態動詞である read や eat が，read a book（本を 1 冊読む）や eat an apple（りんごを 1 個食べる）というように目的語に可算名詞の単数形などを取った場合に，その目的語が事象の範囲の尺度となるものを言います。具体的に言うと，本のページ番号やりんごの残り重量が，read や eat の表す事象が進行する目盛りになるということです。ただし，この尺度は結果動詞の尺度とは異なり，動詞そのものではなく，一部の様態動詞の目的語に含まれるものなので，この本では詳しく取り上げません。

このような使役交替する状態変化動詞は，出水（2018: 194-198）で詳しく説明しているように，語根の表す広い意味（これを意味フレームと呼んでいました）の中に，〔x が「…する」〕から始まって〔y が「…になる」〕までの因果連鎖全体，つまり下の図でいう (c) の範囲すべてを含んでいます。

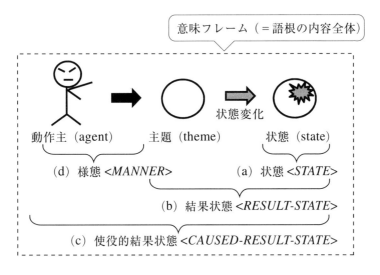

これらの因果連鎖のうち，(b) の部分だけに着目できる場合，つまり状態 (state) の部分が独立して自発的に進行する状態変化の結果生じると解釈できる場合，因果連鎖のその部分だけが切り出され（これを専門的にはプロファイルされると言うのでした），BECOME 述語だけを含む到達動詞の事象スキーマに語根のプロファイルされた部分が「結果状態」(result state) として組み込まれます。

第2章　様態とか結果って結局何なの？　　29

(9)　achievement → [BECOME [y <*RESULT-STATE*>]]

〔y が「… になる」動詞〕（到達動詞）

(出水 (2018: 195))

一方，状態が動作主の関与によって進行する状態変化の結果生じる
ものだと解釈される場合，因果関係全体がプロファイルされ，使役
動詞の事象スキーマに「使役的結果状態」(caused result state) と
して組み込まれます。

(10)　externally caused state →

[[x ACT] CAUSE [BECOME [y <*CAUSED-RESULT-STATE*>]]]

〔x が y を「… になるようにする」動詞〕（使役動詞）

(出水 (2018: 195))

ここまでは，出水 (2018: 191–198) で扱ったことの復習なのです
が，今回問題にするのは，上の図で状態変化と書いてある部分で
す。ここに尺度が絡んでくるので，それを詳しく見ていきます。

　Rappaport Hovav (2008) は (8) には含まれていないのですが，
動詞 warm を例に取り，それに関連する尺度を次のように説明し
ています。

(11)　In the case of the verb *warm*, the scale is composed of
ordered values of the attribute *warm*, and a warming
event necessarily involves an increase in the value of
[warm].　　　　　　　　(Rappaport Hovav (2008: 17))

（動詞 warm の場合，尺度を構成するのは「温かさ」という属性の
順序づけられた値であり，warm するという事象は必ず，[温かさ]
の値が増加することを含む）

つまり特性尺度というのは,「温かさ」のようにあるものに当てはまる,それがもつ性質の値から構成された尺度なのです。

この動詞 warm には,以下の (12a) のように自動詞として「温かくなる」という意味を表す場合と,(12b) のように他動詞として「温かくなるようにする」「温める」という意味を表す場合があります。

(12) a. There was a crispness to the air only at night, and after days of constant sun, the earth and sand had *warmed*.

(Peter Benchley, *Jaws*: 43)

(空気がひんやりとしていたのは夜だけで,何日も絶えず日差しを浴び続けた結果,[砂浜の] 土砂は温かくなっていた)

b. The unusual strength of the autumn sun had *warmed* the enclosing boulders and they were both naked to their waists. (P. D. James, *The Lighthouse*: 68)

(珍しく強かった秋の日差しが,周囲の岩を温めていたので,彼らは2人とも上半身裸だった)

これらはいずれも過去完了形で用いられているので,すでに温度変化が終わったことを描いているのですが,ある温度から(動詞 warm のもとになっている)形容詞 warm が表す温度だと考えられるところまで,だんだん温度計のいくつもある目盛り上を上がっていく感じで温度が変化したことを表します。したがって,動詞 warm に関連づけられる尺度は,多数の点からなる尺度になります。

上の図の状態変化の部分のみを取り出して,尺度を書き加えた図にすると,次のようになります。

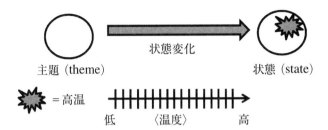

一方,動詞 die が表す状態変化の場合,生きている状態と,死んでいる状態の二つしか想定できませんよね。そのため,(13b) のような言い方をすることはできません。

(13) a.　John died.（ジョンは死んだ）
　　 b. *John died, but not completely.
　　　　（*ジョンは死んだが,完全にではなかった）

(Rappaport Hovav (2008: 28))

そのため,関連づけられるのは2点からなる尺度になります。これも同じように,状態変化の部分に尺度を書き加えたものを提示すると,次のようになります。

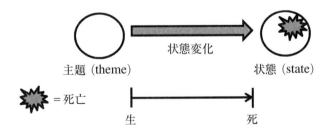

以上で特性尺度について見てきました。あるものの性質が変化することは状態変化なので,これは状態変化動詞に関連づけられる尺

32

度です。

2.3.2. 経路尺度

次に，経路尺度について見ていきましょう。これは，出水 (2018: 47-59) で詳しく取り上げた，移動結果動詞（有方向移動動詞）と関連しています。

(14) Path scales, which indicate the position of a theme along a path, are associated with verbs of directed motion, such as *ascend, descend, enter, exit, come* and *go*.

(経路尺度という，経路に沿った主題の位置を示す尺度が関連づけられるのは，有方向移動動詞 [＝移動結果動詞] の ascend, descend, enter, exit, come, go などである)

これらの動詞は，意味的には〔y が「… になる」動詞〕（到達動詞）で，移動するものを主語に取ります。したがって，上の因果連鎖の図で言うと，(b) の部分だけに着目した形となり，「結果状態」(result state) として到達動詞の事象スキーマに組み込まれます。

(15) directed motion (result of motion) →
    [BECOME [y <*RESULT-STATE*>]]〔y が「… になる」動詞〕
        (e.g. *go, come, arrive, enter, leave, fall, rise, …*)
    有方向移動動詞（移動結果動詞）   (cf. 出水 (2018: 119))

では，このような動詞の取る経路尺度について，詳しく見ていきましょう。Rappaport Hovav (2008) は，動詞 descend を例に取り，関連する尺度を次のように説明しています。

(16) In the case of *descend*, the scale is composed of ordered

第2章 様態とか結果って結局何なの？ 33

values of an attribute something like [located height], and an event of descending necessarily involves a decrease in the value of this attribute. (Rappaport Hovav (2008: 17))

(descend の場合，尺度を構成するのは［位置する高さ］のような属性の順序づけられた値であり，descend するという事象は必ず，この属性の値が減少することを含む)

したがって，経路尺度というのは，何らかの想定される経路上における移動物の位置を値とする尺度なのです。動詞 descend の場合，想定されるのは上下方向に伸びた1本の経路であり，その経路上での位置，つまり「高さ」を値とする属性からなる尺度と関連づけられます。

移動結果動詞（有方向移動動詞）は〔y が「… になる」動詞〕なので，基本的には (17a) のように自動詞で用いられますが，語根項に対応する目的語として経路を表した (17b) のような他動詞形も，動詞によっては見られます。

(17) a. The doors closed, and the [elevator] car began to *descend*. (Dan Brown, *Angels and Demons*: 53)

(ドアが閉まり，エレベーターは下降しはじめた)

b. As she turned away, she saw Colonel Zhuk *descending* the stairway in great haste.

(Irving Wallace, *The Second Lady*: 146)

(彼女が振り向くと，ジューク大佐がひどく急いで階段を下りているのが目に入った)

これらはエレベーターやジューク大佐の位置している高さが，高い状態から低い状態へと，だんだん高度計の目盛り上を下がっていく

ように変化したことを表しています。つまり，動詞 descend に関連づけられる尺度も，動詞 warm の場合と同じく，多数の点からなる尺度なのです。これを，前節と同じように，尺度を書き加えた状態変化として図示すると，次のようになります。

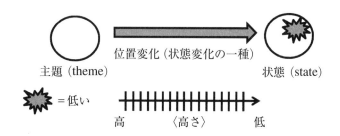

　一方，動詞 enter について考えてみましょう。この動詞も descend と同様，(18a) のような自動詞用法と，(18b) のように語根項に対応する目的語を取る他動詞用法があります。

(18) a. The maid left and a few minutes later Madame Delys *entered*.

　　　　　　　(Sidney Sheldon, *The Other Side of the Midnight*: 38)

　　　（メイドが出て行ってから数分後，マダム・ドゥリスが<u>入って来た</u>）

　b. The four of them left the car, turned the corner, and *entered* the café.　(Irving Wallace, *The Seventh Secret*: 160)

　　　（四人は車を出ると，角を曲がってカフェに<u>入った</u>）

　　　　　　　　　　　　　　　　　　　　　　　　（出水 (2018: 57)）

この動詞 enter が表す状態変化は，外にいる状態から中にいる状態への，つまり二つの状態間の変化です。したがって，やはり2点からなる尺度と関連づけられ，次のように図示されます。

第 2 章　様態とか結果って結局何なの？　　35

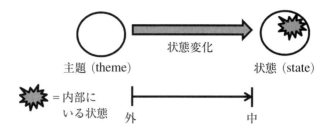

　以上で経路尺度について検討しました。あるものが経路上で移動することは，経路上の位置を値とする尺度で表すことができるので，移動結果動詞（有方向移動動詞）を経路尺度によって表すことができるのです。

2.4. 尺度のない変化と様態動詞

　前節では尺度のある変化を取り上げ，尺度のうち特性尺度と経路尺度について詳しく見てきました。では，様態語根，ひいては様態動詞と関連づけられる尺度のない変化というのはどういうものなのでしょうか。端的に言うと，ある一つの属性の値として表すことのできない変化のことなのですが，なぜそのように表すことができないのでしょうか。

2.4.1. 尺度のない複合的変化

　一つの属性の値として変化を表すことのできなくなる一つ目のパターンを，Rappaport Hovav and Levin (2010) は次のように説明しています。

(19)　A non-scalar change is any change that cannot be characterized in terms of an ordered set of values of a single attribute. […] The vast majority of non-scalar changes deviate from scalar changes in another, more significant respect: they involve complex changes—that is, a combination of multiple changes—and this complexity means that there is no single, privileged scale of change.

(Rappaport Hovav and Levin (2010: 32))

（尺度のない変化とは，単一の属性がもつ値の順序づけられた集合として特徴付けることのできない変化である。尺度のない変化の大多数が尺度のある変化と違っているのは，別のもっと重要な点である。尺度のない変化に含まれているのは，複雑な変化，つまり多種多様な変化の組み合わせであり，このように複雑であるために，特別扱いされる単一の変化尺度をもたないことになる）

　つまり，結果動詞の語根が表す変化が，単一の変化尺度上での値の変化として表すことができるのに対して，様態動詞の語根が表す変化は，いろいろな変化から成り立っているので，一つの属性に基づく尺度を取り出すことができず，尺度のない変化と考えられるのだということです。

　以上のことを具体的に説明するために，Rappaport Hovav and Levin (2010) は動詞 jog を動詞 walk と対照する形で取り上げています。

(20)　For example, the verb *jog* involves a specific pattern of movements of the legs, one that is different, for example, from the pattern associated with *walk*.

(Rappaport Hovav and Levin (2010: 33))

（たとえば，動詞 jog は特定パターンの脚の動きを含むが，これはたとえば walk と関連づけられるパターンとは異なるものである）

第 2 章　様態とか結果って結局何なの？　　37

これらはいわゆる移動様態動詞なので，その語根は上の因果連鎖の図のうち (d) の部分に相当する部分がプロファイルされたものであり，様態動詞の事象スキーマに「様態」(manner) として組み込まれます。

(21)　manner → [x ACT$_{<MANNER>}$] (e.g. *jog, run, creak, whistle, …*)
　　　　〔x が「… する」動詞〕(行為動詞)

　　　　　(Rappaport Hovav and Levin (1998: 109)，出水 (2018: 115))

　さて，動詞 jog は，以下の例が示すように，いわゆる日本語の「ジョギングする」の意味ももちろん含みます。

(22)　He dutifully followed Kohler down the path.　Halfway to the bottom, a young man *jogged* by.

　　　　　　　　　　　　　　　　　(Dan Brown, *Angels and Demons*: 24)

　　　(彼はコーラの後に続いて従順に小道を進んだ。突き当たりまで行く途中，ジョギングしている若い男が通り過ぎた)

ただし，ジョギングに限らず「ゆっくりと一定のペースで走る」(to run slowly and steadily) ことも，動詞 jog によって表すことができます。

(23)　Vittoria was at the end of the alley.　She was pointing around the back of the church and waving to him. Langdon *jogged* reluctantly toward her.

　　　　　　　　　　　　　　　　　(Dan Brown, *Angels and Demons*: 261)

　　　(ヴィットリアは路地の突き当たりにいた。教会の裏側をぐるりと指さしながら彼に手を振っていた。ラングドンはしぶしぶ彼女に向かってゆっくりと走って行った)

そのため，英語の動詞 jog は，日本語の「ジョギング」するよりも広い意味を表すと言えるでしょう。そして jog の表す脚の動きは，いずれの場合も walk とはもちろん異なります。

さらに，jog と walk には違いがあるものの，「身体を支えながら脚を交互に上げたり下げたりする」という複雑な動きは両者に共通します。そういった複雑な動きは，ある程度明確なものではあるのですが，(19) でも述べられているように，一つの尺度に沿った動きとして捉えることができません。一つの尺度を切り出そうとすれば，いくつかの変化のうち一つの変化だけに着目し，残りの変化を全部捨象することになりますが，そんなことをすればもはや動詞 jog や walk の意味ではなくなってしまうので，そういうことはできません。こういったことは，以下のように説明されています。

(24) Furthermore, even though there is a sequence of changes specified by *jog*, collectively these changes do not represent a change in the values of a single attribute, nor is any one element in the sequence of changes privileged as being the necessary starting point of motion; that is, one can start jogging by moving one's left leg first or one's right leg first.　　　(Rappaport Hovav and Levin (2010: 33))
   （さらに，jog によって指定される一連の複数の変化は存在するが，これらの変化をまとめても単一の属性がもつ値の変化にはならないし，一連の複数の変化のどの要素も，移動の必然的な開始点として特別扱いされるものではない。つまり，ジョギングし始めるのに，左足を先に出すことも右足を先に出すこともできる）

つまり，色々な変化があるために一つの尺度では表せないという理由で，jog や walk のような移動様態動詞が表す変化は，尺度のな

い変化として表されるのです。これまでに見てきた因果連鎖の図のうち，動作主と行為の部分 (d) に当てはめる形で，このような複雑な変化を図示すると，次のようになります。

動作主 (agent)

つまり，ある様態として認識されているものは，実際には色々な変化の複合体であり，一つの尺度（図で言うと本章の 3.1 節と 3.2 節で尺度のある変化を表すのに用いたような始点と終点と方向性をもつ矢印）で表せるような単純なものではないということなのです。

2.4.2. 尺度のない漠然とした活動

二つ目のパターンとして，移動様態動詞のようにいくつもの変化を含んでいるために一つの尺度を切り出せない動詞とは異なり，そもそも尺度に沿った変化の候補になりそうなものさえ，まったく意味に含まれていない動詞もあります。そういった動詞の例として，Rappaport Hovav and Levin (2010) は動詞 exercise を挙げています。

(25) Furthermore, verbs of non-scalar change need not always be so specific about the precise changes they involve. The verb *exercise*, for example, requires an unspecified set of movements, whose only defining characteristic is that they involve some sort of activity, typically physical, but on occasion mental. (Rappaport Hovav and Levin (2010: 33))

（さらに，尺度のない変化を表す動詞が，必ずしもそれらに含まれる正確な変化を指定する必要があるとは限らない。たとえば，動詞 exercise は，指定されていない動きの集合を必要とするが，その定義的特徴は，ある種の活動を含むということだけである。それは身体活動であるのが典型的だが，精神活動のこともある）

この場合，先ほどの移動様態動詞とは異なり，いくつもの明確な変化を含んでいるのではありません。むしろ漠然としていて，ある種の活動を行うことしか意味としては含まれていないのです。

　典型的な動詞 exercise の用法は，次のような自動詞で用いて「運動する」を表すものです。

(26)　"I hope you will keep yourself occupied. Eat, sleep, *exercise*, read."　　　　　　(Irving Wallace, *The Second Lady*: 82)

　　　（「何かして気を紛わしてもらえればと思います。食べたり，眠ったり，運動したり，読書したりしてね」）

　しかしながら，このような用法以外に，もっと抽象的な活動を表す場合があります。たとえば，次の例を見てみましょう。

(27)　He *exercised* his skill now, placing the drink before the hotel proprietor with a final flourish.

　　　　　　　　　　　　　　　　　　　　(Arthur Hailey, *Hotel*: 208)

　　　（この時も彼は手腕を発揮し，見事な締めの動作でホテルオーナーの前に飲み物を置いた）

この例では，あるホテルの老練なバーテンダーの動きが描写されています。そのような動きをバーテンダーがしたことを，動詞 exercise の他動詞用法が表しています。このような抽象度の高い用法

第2章 様態とか結果って結局何なの？ 41

では，語根項を表す目的語として動作主が行使した能力や権利といったものが必ず表現されます。もし目的語がなければ，動詞 exercise の表す活動が抽象的すぎて，どのような意味なのかわからないからです。次例も同様です。

(28) […] one in every four American males *exercised* that right.
(Jeffrey Archer, *Shall We Tell the President?*: 104)
（アメリカ人男性のうち4人に1人はその権利を行使していた）

この例文では，合衆国憲法修正第二条によって，すべてのアメリカ人が武器を所持する権利を認められていることが直前の部分で描かれていて，その権利をアメリカ人男性が行使していることが表されています。この場合も，目的語 that right がなければ，何を言っているのかわかりません。

以上のように，動詞 exercise が表すような漠然とした活動も，尺度のない変化として表されるのです。明確な変化の様態が指定されていない以上，これを様態動詞と呼ぶべきかどうかは疑問の余地があるのですが，尺度のない変化を表すことは間違いありません。[2] これを本章3.1節冒頭で見た因果連鎖の図の動作主と行為の部分 (d) に図示すると，次のようになります。ここでは漠然としたさまを，ぼんやりとした雲のように描いてあります。

動作主 (agent)

---

[2] このような漠然とした活動を表す動詞については，目的動詞という名前で次章で改めて取り上げます。

2.5. まとめ

　以上で尺度による様態と結果の再定義を見てきました。もう一度まとめ直しておくと，結果語根（およびそれに基づく結果動詞）は尺度のある変化を表し，結果動詞のうち状態変化動詞は特性尺度，移動結果動詞（有方向移動動詞）は経路尺度によって特徴付けられるのでした。それに対して，様態語根（とそこからできる様態動詞）は尺度のない変化を表し，複雑すぎたり漠然としていたりして単一の尺度を切り出すことができないために，そのようになっているのでした。

　ここまで見てきたような，動作動詞が表す変化の，尺度に基づく分類と様態・結果との関連付けは，尺度のある変化＝結果語根→結果動詞（使役動詞・到達動詞）vs 尺度のない変化＝様態語根→様態動詞，という尺度の有無に基づく完全な二分法でした。でも，動作動詞には本当にこの2種類しかないのでしょうか。このことに疑問を呈した研究もあります。次章ではそれを詳しく見ていきましょう。

第3章　目的動詞って動作動詞の第3の分類？

3.1.　はじめに

　第2章まで見てきたところでは，動詞はまず大きく，変化を表さない状態動詞と，変化を表す動作動詞に分けられるのでした。そして，動作動詞はさらに，尺度のない変化を表す様態動詞と，尺度のある変化を表す結果動詞に分けられます。そして，結果動詞は使役的な使役動詞（使役的結果動詞）と，起動的な到達動詞（起動動詞）に下位区分されるのでした。そして，それぞれの元になる語根が組み込まれる決まった事象スキーマがあるのでしたね。以上を図示すると，次のようになります。

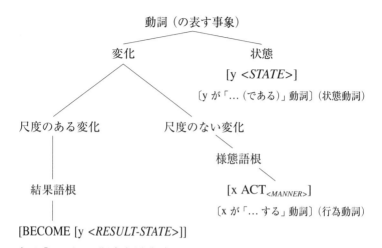

〔y が「…になる」動詞〕（到達動詞）

[[x ACT] CAUSE [BECOME [y <CAUSED-RESULT-STATE>]]]

〔x が y を「…になるようにする」動詞〕（使役動詞）

ところが Fellbaum（2013）は，このような分類が不十分であり，結果動詞でも様態動詞でもない，目的動詞という第3の分類があるという主張を行いました。以下ではそれを見ていきます。

初めに2節で，Fellbaum（2013）が目的動詞というカテゴリーを設定する根拠とした，動詞間に見られる2種類の上下関係を紹介します。続く3節では，第2章で様態動詞と対応付けた尺度のない変化という概念が，目的動詞にも当てはまること，従来言われてきたような狭い意味での様態動詞とは異なり，目的動詞の使用に当たっては主観的な解釈が必要だということを見ていきます。さらに4節では，Semin と Fielder という社会心理学者が導入した記述行為動詞・解釈行為動詞という分類を導入し，それが狭義の様態動詞・目的動詞の区別に近いものであることを確認し，定義の一部を

第3章 目的動詞って動作動詞の第3の分類？ 45

援用していきます。5節では4節までの考察を踏まえ，動詞の分類を再整理します。6節では目的動詞の使用に関わる解釈の主観性について，用例に基づく吟味を行います。最後の7節はまとめです。

3.2. 動詞間に見られる2種類の上下関係

単語を意味の関係によって分類するときに使う言葉で，上位語・下位語というものがあります。これは別に上位語のほうが下位語よりも偉いとかそういう話ではありません。みなさんは小学校の時に，物を表す名詞の分類をやったことがないでしょうか。たとえば，次のような物の名前が並んでいたとします。

(1)　ミカン，キャベツ，リンゴ，ニンジン，ダイコン，ブドウ

「これらの言葉を『果物』・『野菜』のなかまに分けて書きましょう」のような練習問題を，小学校の時に皆さんもやったかもしれません。普通は次のように分けるはずです。

(2) a.　果物：ミカン，リンゴ，ブドウ
　　 b.　野菜：キャベツ，ニンジン，ダイコン

この場合，「果物」「野菜」のように色々な物をまとめる，より抽象的で意味の広い言葉のことを，上位語と言います。一方，同じ「果物」という上位語に含まれる，いわば「仲間」同士のようないくつかの物について具体的に述べる，意味の限定された言葉を下位語と言います。このような場合，「[下位語] は [上位語] の一種である」という言い方が成り立つので，「ミカンは果物の一種である」「ダイコンは野菜の一種である」と言うことができます。上位語と下位語を逆にして「*果物はミカンの一種である」「*野菜はダイコンの一

種である」と言えないことから，これが非対称的な関係であることもわかります。

なぜこれを上位語・下位語と呼ぶかというと，概念図を書くときに，次のように抽象度の高いもの，つまり意味的に含む側を，上に書くのが普通だからです。

実は同じようなことが動詞にも当てはまります。たとえば，移動様態動詞である walk（歩く）と，stride（大股で歩く），stagger（よろよろ歩く），limp（片足を引きずって歩く）の関係がそうです。この場合，上位語が walk で，その下位語が stride, stagger, limp になります。

さて，Fellbaum (2013) はこの本の 2.4.1 節でも取り上げた移動様態動詞 jog を，同じく移動様態動詞である swim, bike とともに取り上げ，次のように述べています。

(3) Consider the verb *exercise* on the one hand and verbs like *jog, swim*, and *bike*, on the other hand. *Jog, swim*, and *bike* refer to manners of *exercising*, but they are clearly also manners of *moving/travelling*. (Fellbaum (2013: 373))
(動詞 exercise と，jog, swim, bike のような動詞を考えてみよう。Jog, swim, bike は exercise の様態を表すが，明らかに move や

第 3 章　目的動詞って動作動詞の第 3 の分類？　　47

travel の様態でもある）

ここで問題となるのは，jog, swim, bike といった移動様態動詞の下位語に対して，以下に図示するように 2 種類の上位語が存在するということです。

つまり，動詞 jog を例に取ってみると，「jog することは，exercise する（健康のために運動する）ことの一種である」という関係と，「jog することは，move する（移動する）ことの一種である」という関係の両方が成り立つということです。

このことの証拠として，Fellbaum (2013) は，次のような言い方のいずれもが真になることを挙げています。

(4) a.　To jog/swim/bike is to exercise in some manner.
　　　（ゆっくりと走る／泳ぐ／自転車に乗ることは，何らかの様態で健康のために運動することである）
　 b.　To jog/swim/bike is to move in some manner.
　　　（ゆっくりと走る／泳ぐ／自転車に乗ることは，何らかの様態で移動することである）　　　　　(Fellbaum (2013: 373))

続けて Fellbaum (2013) は，このように同じ言い方ができるにもかかわらず，これらの間には破棄可能性（defeasibility）の点で違いが見られることを指摘しています。

(5)　But clearly, there is a difference. The relation between *jog, swim, bike* and *exercise* is defeasible: Not every jogging/swimming/biking event is necessarily an exercising event.　By contrast, every jogging/swimming/biking event is necessarily a moving event:

(Fellbaum (2013: 373))

（しかし明らかに，違いがある。jog, swim, bike と exercise の関係は破棄可能である。jog, swim, bike がどんな場合も必ず exercise 事象であるということにはならない。それとは対照的に，jog, swim, bike はどんな場合でも必ず move 事象である）

ここで言う「破棄可能である」（defeasible）とは，そうではない場合がありうるということを言っています。つまり，「jog することは，必ず move する（移動する）ことの一種である」のですが，「jog することが，exercise する（健康のために運動する）ことの一種である」ということが成り立たない場合もあるということなのです。これは，(6b) のように言うことができないのに対して，(6a) のように言えることからわかります。[1]

(6) a. She jogged/swam/biked but did not exercise.
　　　（彼女はゆっくりと走った／泳いだ／自転車に乗ったが，健康のための運動ではなかった）

　　b. *She jogged/swam/biked but did not move.
　　　（*彼女はゆっくりと走った／泳いだ／自転車に乗ったが，移動ではなかった）　　　　　　　　　　　(Fellbaum (2013: 373))

　このことを確認するために，第 2 章で取り上げた動詞 jog の例をもう一度見てみましょう。

---

[1] 言語学の文献で，文の頭に * を付けるのは，出水（2018: 5）で述べたように，言えない文（非文）であるという印でした。

第3章　目的動詞って動作動詞の第3の分類？　　49

(7) a. He dutifully followed Kohler down the path. Halfway
to the bottom, a young man *jogged* by.

(Dan Brown, *Angels and Demons*: 24)

（彼はコーラの後に続いて従順に小道を進んだ。突き当たりま
で行く途中，ジョギングしている若い男が通り過ぎた）（＝第2
章 (22)）

b. Vittoria was at the end of the alley. She was pointing
around the back of the church and waving to him.
Langdon *jogged* reluctantly toward her.

(Dan Brown, *Angels and Demons*: 261)

（ヴィットリアは路地の突き当たりにいた。教会の裏側をぐる
りと指さしながら彼に手を振っていた。ラングドンはしぶしぶ
彼女に向かってゆっくりと走って行った）（＝第2章 (23)）

確かに (7a) の例では，若い男が健康づくりのための運動の一環と
して「ジョギング」していることが描かれています。この場合，
「jog することが，exercise する（健康のために運動する）ことの一
種である」という言い方が成り立ちます。しかしながら，(7b) の
例では，ヴィットリアが手を振っているのを見たラングドンが，
ヴィットリアに近づく（つまり，ある場所に移動する）ために jog
しています。この場合，ラングドンは健康のために運動しようとし
て jog したのではありませんので，「jog することが，exercise す
る（健康のために運動する）ことの一種である」は成立しません。
興味深いのは，いずれの場合も，「jog することは，move する（移
動する）ことの一種である」は成り立っていることです。

同じことを，動詞 swim の例を使って，もう一度確認してみま
しょう。

(8) a. Lazily Marilu *swam* to the far end of the heated pool and climbed out. She stood there for a moment, savoring the warm lawn-scented Connecticut air. She reached for a towel and began to dry herself.

(Harold Robbins, *The Inheritors*: 252)

（ゆったりとマリルは泳いで温水プールの反対側まで行くと，プールから上がった。彼女は少しの間そこに立ったまま，芝生の香りがする暖かいコネチカットの空気を味わった。それから彼女はタオルに手を伸ばし，体をふき始めた）

b. Juan's trajectory carried him from the smokestack and over the railing before he crashed back into the sea. The impact must have stunned him, because he lay still for a couple of seconds before starting to *swim* away from the sinking vessel. Eric tracked him with the searchlight as Juan *swam* to the overturned lifeboat.　(Clive Cussler with Jack Du Brul, *Plague Ship*: 165)

（フアンは煙突から飛び出すと弧を描くように手すりを越えて，海にバシャンと落ちた。きっと衝撃で気絶したのだろう。というのも，数秒の間は静止したまま動かず，その後ようやく，沈みつつある船から離れようと泳ぎ始めたからだ。エリックがサーチライトで追跡する中，フアンは転覆した救命ボートまで泳いで行った）

(8a) の例は，マリルという女性が，温水プールでのんびりと遊泳している様子を描写しています。この場合，「swim することが，exercise する（健康のために運動する）ことの一種である」という言い方が成り立ちます。一方，(8b) の例では，爆発の衝撃で船か

ら投げ出され海に落ちたフアンが，沈む船から離れて救命ボートに乗り込むために必死で泳いでいます。この場合，フアンは健康づくりの運動のために遊泳しているのではないので，「swim することが，exercise する（健康のために運動する）ことの一種である」は成立しません。興味深いことに，やはりいずれの場合も，「swim することは，move する（移動する）ことの一種である」は成り立っています。

Fellbaum（2013: 373-374）でも述べられているように，move が表す概念は jog, bike, swim が表す概念の必要な構成要素となっていて，それによって客観的に jog, bike, swim が move の一種であるという関係が保証されます。ところが，exercise が表す概念は，jog, bike, swim が表す概念の必要な構成要素ではないため，意味的な上下関係が必ずしも保証されず，（7b）の jog, （8b）の swim のように下位語として成立しない場合もあるということになるのです。

さらに，Fellbaum（2013）は，同様の破棄可能な上下関係が様態動詞 massage と，動詞 treat の間にも成り立つと述べています。

(9) One example is *treat*. A medical practitioner can treat a patient by massaging, injecting, bleeding, etc. But none of these necessarily constitute a treatment.

(Fellbaum (2013: 374))

（一つの例が treat である。医療従事者は，マッサージしたり，注射したり，瀉血を行なったりすることによって，患者を治療することができる。しかし，これらのいずれもが，必ずしも治療と見なされるとは限らない）

そして，このような massage と treat の破棄可能な関係は，mas-

sage と manipulate の常に成り立つ破棄できない関係とは異なると
しています。

(10) A statement like "massaging (someone) is a manner [of] treating (him) " is not necessarily true, whereas the statement "massaging (someone) is manually manipulating (his body) " is necessarily true. So massaging is necessarily a manner of manipulating, but not necessarily a manner of treating.   (Fellbaum (2013: 374))

（「（誰かを）マッサージすることは（その人を）治療することの様
態だ」のような陳述は必ずしも真ではないが,「（誰かを）マッサー
ジすることは（その人の身体を）手で巧みに扱うことの様態だ」と
いう陳述は必ず真である。だから,マッサージすることは,必ず
手で巧みに扱うことの様態だが,必ずしも治療することの様態で
はない）

つまり,動詞 jog の場合と同じような言い方をすれば,「massage
することは,必ず manipulate する（手で巧みに扱う）ことの一種
である」のですが,「massage することが,treat する（治療する）
ことの一種である」ということが成り立たない場合もあるというこ
となのです。

　では,この exercise や treat といった動詞は,なぜ様態動詞の上
位語のような関係を示すことがあるのでしょうか。どうもここには
主観的な解釈が関わっているような気がしませんか。それについて
は後で見ていきます。

3.3. 目的動詞と尺度のない変化

上位動詞を分類していった結果，Fellbaum (2013) は，move や manipulate のように具体的な様態を記述した上位動詞とは異なり，exercise のような動詞は下位動詞の様態ではなく目的を概念化していると述べています。

(11) What kind of concepts are encoded by verbs like *exercise, control, help*, and *treat*, which may be, but are not necessarily, part of the network of verbs that can be constructed around MANNER? Unlike the non-defeasible superordinates of verbs like *swim* and *massage*, verbs like *exercise* etc. do not contribute a MANNER component to the meanings of their subordinate verbs. Instead, such verbs seem to express concepts that encode a kind of telicity or goal or purpose: One exercises, helps, treats, cheats, etc. with some goal or purpose in mind, and this goal or purpose is generally intended by the agent of the event. (Fellbaum (2013: 374))

（どのような概念を exercise, control, help, treat のような動詞はコード化しているのだろうか。こういった動詞は「様態」をめぐって構築される可能性のある動詞ネットワークの一部かもしれないが，必ずしもそうなるとは限らないものである。swim や massage のような動詞の破棄不可能な上位語［である move や manipulate］とは異なり，exercise のような動詞は，下位動詞の意味に対して，「様態」という構成要素を与えるのではない。その代わりにこういった動詞が表現していると思われる概念は，ある種

の目的性，つまり目標や目的をコード化している。健康のために
運動する，助ける，治療する，だますなどの場合，何らかの目標
や目的が念頭にあり，この目標や目的を意図しているのは，一般
に事象の動作主である）

そして，動詞 exercise や treat, cheat, control, help のように，
こうした目的・目標の概念を表す動詞を，「目的動詞」（purpose
verb）と呼んでいます。

(12) We will refer to verbs like *exercise, treat, cheat, control*
and *help* as PURPOSE VERBS, and we assume that their
lexical-semantic structure includes a meaning component
that could be labeled PURPOSE.　　(Fellbaum (2013: 374))
（我々は exercise, treat, cheat, control, help のような動詞を「目
的動詞」と呼び，その語彙意味構造に含まれる意味の構成要素が
「目的」のラベルをはることのできるものだと仮定する）

さらに，このような目的動詞は，様態動詞でも結果動詞（状態変化
動詞）でもなく，第3の分類だというのが Fellbaum (2013) の主
張なのです。

(13) A common distinction among verb classes is that between
manner and change-of-state (COS) verbs (Rappaport
Hovav and Levin 1998), inter alia.　We propose that
purpose verbs constitute a third, distinct class.

(Fellbaum (2013: 374))
（動詞クラス間でもよく知られた区別といえば，やはり様態動詞と
状態変化動詞というものである。我々は，目的動詞が第3のさら
に別のクラスを構成すると提案したい）

つまり，目的動詞は，様態も結果も表さず，目的という別個の概念を語彙化しているということです。

　しかしながら，第2章で見たように，Levin と Rappaport Hovav は，様態と結果という概念を，それぞれ尺度のない変化とある変化という二分法に基づく形で 2008 年以降再定義しました。さらに重要なのは，Fellbaum（2013）が目的動詞の例として挙げている動詞 exercise が，2.4.2 節で見たように，Rappaport Hovav and Levin（2010: 33）で漠然とした活動としての尺度のない変化を表す動詞として挙げられていることです。ということは，目的動詞というのは，Fellbaum の言うような第3の分類ではなく，むしろ様態動詞の一種だと考える方が妥当なように思われます。逆の言い方をすれば，2.4.2 節で見た尺度のない漠然とした活動を表す動詞は，実はFellbaum の言う目的動詞のことだったと考えることもできます。

　また，目的動詞は，そもそも様態動詞の上位語となりうる場合があるということから考えても，様態動詞と同じカテゴリーに入れる方がよいように思われます。以下で述べられているように，様態と目的が同時に現れないのも，それが同じ尺度のない変化というカテゴリーの下位分類だからであると考えることで説明がつきます。

(14)　[…] we could not identify verbs that encode both a MANNER and a PURPOSE component as necessary parts of their lexical make-up, although we saw that manner verbs can be subordinates of purpose verbs in appropriate contexts.　　　　　　　　　　　（Fellbaum（2013: 374））

　　　（「様態」と「目的」の両方の構成要素を，語彙的な構成の必要部分としてコード化している動詞を特定することは，我々にはできなかった。もっとも，様態動詞が適切な文脈では目的動詞の下位語

になりうるということはわかった）

　そうだとすれば，具体的な様態を記述している様態動詞と，何か
を目的とする漠然とした活動を表している目的動詞は，尺度のない
変化を表すという点以外で何が異なるのでしょうか。この点に関し
て，Fellbaum（2013）は目的動詞のさらに別の例として動詞 greet
（挨拶する）を取り上げ，次のように興味深いことを述べています。

(15)　[…] labeling an event with a purpose verb like *greet* may
　　　depend on a subjective interpretation of that event.　A
　　　nodding or waving event is not necessarily a greeting
　　　event, while a running event will be recognized and la-
　　　beled as such by every observer.　　（Fellbaum (2013: 374)）
　　　（ある事象に greet のような目的動詞のラベルをはるかどうかは，
　　　その事象の主観的解釈による。nod 事象や wave 事象は必ずしも
　　　greet 事象ではないのに対して，run 事象はあらゆる観察者が run
　　　事象だと認識し，そうラベルをはるだろう）

つまり，うなずいたり手を振ったりする事象は，観察者が主観的に
挨拶だと解釈した場合にのみ，動詞 greet という目的動詞のラベル
をはられる（つまり動詞 greet を使って表される）ということなの
です。ここで，目的動詞の使用に関わるとされている「主観的解釈」
（subjective interpretation）という要素は非常に重要です。他方で，
普通の移動様態動詞である run が run だと認識されるにはそうし
た主観性は必要ない，つまりある程度客観的にそうだと認識するこ
とが可能ということです。
　以上から，共に尺度のない変化を表すものの，具体的な様態を記
述している狭い意味での様態動詞＝客観的 vs 何かを目的とする漠

然とした活動を表している目的動詞＝主観的，という対立があることがわかりました。でも変化のラベルはり（つまりカテゴリー化）が主観的とか客観的というのは，結局どういうことなのでしょうか。

　以下ではそれを考えるために，Semin と Fiedler という社会心理学（social psychology）研究者が提示している，動詞の分類を見ていきます。[2]

3.4.　記述行為動詞と解釈行為動詞

　Semin と Fielder は，動詞の表す行動事象を，その抽象度によって4種類に分けました。その概要は，それを援用している論文で次のように説明されています。

(16)　The Semin-Fiedler model posits a four-category system of linguistic choices that reflect increasingly abstract levels of encoding of behavioral events: descriptive action verbs (DAVs), which describe specific, observable actions; interpretive action verbs (IAVs), which also refer to a single behavioral episode but in addition summarize and give interpretation to the action; state verbs (SVs), which refer to an actor's psychological state and not to any specific action or episode; and, at the highest level of abstraction, the use of adjectives that describe an actor's disposition.　　　　　　　(Hamilton et al. (1992: 105))

　　　（Semin と Fielder のモデルが仮定している四つのカテゴリーから

---

[2]　私がこの分類を知ったのは，動詞に含まれる価値観・偏見について岡本 (2016: 231–233) が援用しているところからです。

なる言語的選択のシステムは，行動事象のコード化に際して，抽象レベルが増大していくのを反映するものである。記述行為動詞（DAV）は，特定の観察可能な行動を記述するものである。解釈行為動詞（IAV）も，単一の行動的出来事を指示するが，それに加えて行動を要約し，それに解釈を与えるものである。状態動詞（SV）は，行為者の心理状態を指示するもので，特定の行為や出来事は指示しない。そして，もっとも抽象化のレベルが高いのは，行為者の気質を記述する形容詞を使用する場合である）

これらのうち，尺度のない変化を表す動詞に相当するのは，挙げられている動詞が厳密に一致しているわけではないのですが，記述行為動詞と解釈行為動詞だと考えられますので，これらを順に，Semin and Fiedler（1992）を引用しながら見ていきます。

　記述行為動詞というのは，ある行為をそのまま客観的に記述している動詞で，これが明確な様態を記述した尺度のない変化を表す動詞に対応すると考えられます。

(17) The first verb category is Descriptive Action Verbs (DAV —*kick, kiss, push*). These terms refer to an action with a clear beginning and end, and maintain a direct reference to an invariant feature of the behaviour in question.

(Semin and Fiedler (1992: 61))

（最初の動詞カテゴリーは記述行為動詞（DAV―kick, kiss, push）である。これらの用語が指示するのは明確な始まりと終わりのある行為であり，問題となる行動に関する不変の特徴をまだ直接指示しているといえる）

一方，Fellbaum（2013）の言う目的動詞であり，Rappaport Hovav

and Levin（2010）が「指定されていない動きの集合」「ある種の活動」だと形容するような尺度のない変化を表す動詞は，解釈行為動詞に相当します。(11)(12)で目的動詞の例としてFellbaumが挙げていたhelp, cheat が含まれていることからも，同じような特徴をもつものを指していることがわかります。

(18) The next category is referred to as Interpretive Action Verbs（IAV—*help, cheat, imitate*）. The distinctive feature of these IAVs is that they act as a frame for diverse behaviours（for example, one can help a person: by giving instructions to find a place; out of financial difficulties; by preparing them for an exam; and so on）.

(Semin and Fiedler (1992: 61))

（次のカテゴリーは解釈行為動詞（IAV, help, cheat, imitate）と呼ばれるものである。これらIAVの際だった特徴は，多様な行動に対する枠組みとしてのはたらきをすることである（たとえば，人を「助ける」(help) という場合，目的地までの道順を教えてあげたり，金銭的な問題から救い出したり，その人のテスト対策をしてやったりと，色々なことができる）

この種の動詞の非常に大きな特徴は，(16)で述べられている「行動を要約し，それに解釈を与える」という点です。これは(15)の「ラベルをはるかどうかは，その事象の主観的解釈による」という部分と，結局同じことを言っているのです。つまり，ある人のした行為が，別の人の助けになる（つまりその人をhelpすることになる）のか，それともその人を欺く（cheat する）ことになるのかは，その行為全体を見た上で，それをどう解釈するのかが関わってくるということです。

3.5. 動詞の分類の再整理

以上で見てきた Semin and Fielder（1992）による動詞の分類からわかることを援用して，Fellbaum（2013）が提唱している様態動詞と目的動詞の区別が，Rappaport Hovav and Levin（2010）による尺度の有無による変化の二分法とどう関連しているのかを，さらに明確なものにしていきましょう。

2.4.1 節で見た尺度のない複合的変化から考えていきます。この変化を表す例として挙げられている動詞 jog や walk では，特定パターンの脚の動きが明確に指定されており，主観的な解釈をそれほどしなくても，その事象が jog や walk によって表されるものだと簡単にわかります。つまり，このように表されている意味内容が明確で豊富な様態動詞の場合，あまり解釈を加えたりせず，客観的にその明確な内容を記述しているにすぎないのです。これは Semin and Fielder の言う記述行為動詞の概念に近いものだと言えるでしょう。

次に，2.4.2 節で検討した尺度のない漠然とした活動を表す動詞について考えます。これはまさに Fellbaum（2013）の言う目的動詞であり，表されている意味内容が，その行為の漠然とした目的のみであるため，ある様態で行われている行為がそれに相当するかどうか判断するのに主観的な解釈を必要とします。Semin and Fielder の枠組みで言うと，解釈行為動詞になるでしょう。

これらの動詞はいずれも尺度のない変化を表すため，Levin と Rappaport Hovav の理論における，広い意味での様態動詞に相当します。別の言い方をすると，尺度のない変化を表し様態動詞とこれまで呼ばれてきたものの中には，明確な様態を記述しているものと，漠然とした目的を解釈しているものの 2 種類があり，これらはともに，広い意味での様態動詞の下位分類だということになります。

第3章 目的動詞って動作動詞の第3の分類？　　61

これは以下のように図示できます。

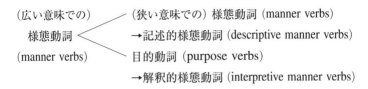

それにしたがって，冒頭で挙げた動詞の分類表を加筆すると次のようになります。

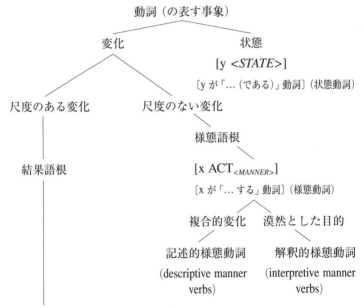

[BECOME [y <*RESULT-STATE*>]]
〔y が「... になる」動詞〕（到達動詞）
[[x ACT] CAUSE [BECOME [y <*CAUSED-RESULT-STATE*>]]]
〔x が y を「... になるようにする」動詞〕（使役動詞）

以上で，漠然とした目的を表し尺度のない変化を語彙化している目的動詞が，実際には様態動詞の下位類だと考えることができること，それによって表す変化の尺度の有無に基づく動作動詞の二分法を維持できることを見てきました。

　以下では，目的動詞の主観的解釈ということについてもっと理解を深めるため，Fellbaum (2013)，Semin and Fiedler (1992) がともに例として挙げている，動詞 help と cheat の例を取り上げ，それらの解釈を吟味していきます。

3.6.　具体例の解釈

　この節では，動詞 help と cheat の用例を取り上げ，その解釈について考えていきます。初めに，ある人物が他人と行った取引を描写するのに，動詞 help と cheat がともに用いられた例を見てみましょう。実例 (19) では，ギリシア人のデミリスがさまざまな人と関わってきたことを描いています。

(19)　The dynamic young Demiris had needed help from bankers and lawyers, ship captains and unions, politicians and financiers. Some had encouraged and *helped* him, others had snubbed and *cheated* him. In his head and in his heart the proud Greek had kept an indelible record of every transaction.

　　　　　　　　　　　　(Sidney Sheldon, *The Other Side of Midnight*: 173)
（精力的な若きデミリスは銀行家，弁護士，船長，組合，政治家，投資家からの助けを必要とした。彼を励まして助ける者もいれば，彼を冷たくあしらってだます者もいた。頭と心の中で，この誇り

第3章　目的動詞って動作動詞の第3の分類？　　63

高きギリシア人はあらゆる取引をいつまでも記録していた)

ここでは，取引（transaction）を通じて，デミリスを help した人物も cheat した人物もいることが描写されています。ただしよく考えてみると，ある様態で行われた相手の行為が，彼を助けることになったのか，それともだますことになったのかを決定するのには，彼自身（あるいは小説の著者）による主観的な解釈が，かなりの部分関わってくると言えるのではないでしょうか。以下では動詞 help と cheat の例をさらに見ていき，このような解釈の主観性について考えていきます。

3.6.1.　動詞 help の具体例とその解釈

さらに別の例を見てみましょう。この例が描いているのは，船がバランスを崩しているのを立て直そうとしている彼女に，フアンが協力している場面です。

(20)　Juan *helped* her by pumping out one of the ballast tanks
　　 to regain neutral trim.

　　　　　　　　　　(Clive Cussler with Jack Du Brul, *Plague Ship*: 73)

　　　　(フアンは，バラストタンクの一つから排水して船が本来のバラン
　　　　スを戻すようにすることで，彼女を助けてやった)

ここでは by doing 句によって表されている，バラストタンクの一つから「排水する」(pump out) という具体的な様態で行われた行為が，小説の著者によって彼女を助ける目的で行われたものとして主観的に捉えられています。しかし，もし彼女がこの船を沈めようとしている状況ならば，同じ行為が彼女を「妨げる」(inhibit) 行為となります。つまり，状況によって，同じ行為を help だと解釈で

64

きるかどうかが変わってくるということです。

　具体的な行為がこの例のように by doing 句で表される場合もありますが，次例のようにそれが文脈に委ねられる場合もあります。

(21)　She shook her head, not understanding.　Walking toward the window, she leaned over the jigsaw puzzle, inspecting it.　There were sufficient pieces in place to recognize the scene depicted as New Orleans—the city at dusk, viewed from high above, with the shining river winding through. She said, "I used to do these once, a long time ago.　My father *helped* me."　　　　　　　　(Arthur Hailey, *Hotel*: 233)

（彼女は理解できずに首を横に振った。窓の方へ歩いて行った彼女は，ジグソーパズルの上に身をかがめて，じっと見た。十分な数のピースがはまっていたので，描かれている場面がニューオーリンズだとわかった──高い場所から眺めた町の夕景で，きらめく川が曲がりくねって流れていた。彼女は「こういうの昔やってた，ずっと前ね。父が<u>手伝って</u>くれたの」と言った）

この例では，ジグソーパズルを解くのを父親が手伝ってくれたと彼女が言っていますが，父親がやった行為は，ピースを見つけるヒントを与えたのかもしれないし，ピースを探し出してはめ込んでやったのかもしれません。具体的な内容については漠然としているのですが，それが彼女を助けることになったということだけが描写されているのです。[3]

---

[3]　具体的な対象が，次のように前置詞句や不定詞で表される場合もあります。

(i)　His weekends were totally devoted to the children.　He barbecued for them, played with them, took them to movies and ball games, and

いずれにせよ，目的動詞 help を使ってある事象を表す場合，単にある様態で行われた行為を客観的に記述しているのではなく，その行為が目的語にとって手助けになると，表現している話し手や筆者が主観的に解釈しているわけです。

ということは，実は目的動詞 help で表されている行為をした動作主自身が，その行為を help する目的で行ったかどうかということは，それほど重要ではないのではないかという考えが出てきます。[4] 実は，動作主の意図，つまり目的は，どうでもいいと言えるのです。それを示す例として，次の Forbes の 2018 年 9 月 3 日の記事の見出しを考えてみましょう。

(22)　Donald Trump Just *Helped* Boost European Renewables
　　　—By Accident
　　　（ドナルド・トランプはまさにヨーロッパの再生可能エネルギーを
　　　推進する手助けをしたのだ——たまたま）
　　　（https://www.forbes.com/sites/davekeating/2018/09/03/donald-
　　　trump-just-helped-boost-european-renewables-by-accident/）

―――――――――――――

helped them with their homework.
　　　　　　　　　　　　（Sidney Sheldon, *Morning, Noon and Night*: 37)
　　　（彼は週末の時間をすべて子供たちのために使っていた。彼はバーベ
　　　キューをしてやったり，一緒に遊んでやったり，映画や野球の試合に
　　　連れて行ったり，宿題を<u>手伝って</u>やったりしていた）
　(ii)　She *helped* him choose some new clothes.　　　　　　（*LDOCE*[6]）
　　　（彼女は彼が新しい服を選ぶのを<u>手伝って</u>やった）
[4] この部分を執筆するきっかけになったのは，六甲英語学研究会 2019 年 3 月
例会（2019 年 3 月 17 日（日），於：勤労会館（神戸市），会議室 409）において，
「目的動詞というカテゴリーの位置づけ」というタイトルで，本書の内容の一部
を発表した際に，大阪樟蔭女子大学名誉教授である柏野健次先生より頂いたコメ
ントです。記して感謝いたします。

この記事は，米国のトランプ大統領が中国製の太陽電池パネルに対して関税をかけたことで，反発したヨーロッパが逆に中国製の太陽電池パネルへの課税を廃止し，結果的にヨーロッパの再生可能エネルギー関連の会社が助かったということを述べているものです。トランプ大統領は，ヨーロッパの再生可能エネルギーを推進する目的で，中国製の太陽電池パネルに課税したのではありませんから，このような結果になったのは「たまたま」(by accident) です。そしてこのような場合にも「目的」動詞の help は使えるということなのです。

3.6.2. 動詞 cheat の具体例とその解釈

続いて，動詞 cheat についても考えてみましょう。次例ではやはり，by doing 句によって具体的行為が表されています。

(23) The builders had *cheated* her by using low-quality materials.

(https://www.macmillandictionary.com/)

（建築業者は低品質の資材を使うことによって彼女をだましたのだった）

ここではおそらく，彼女に高額の費用を請求しながら，「低品質の資材を使う」という具体的行為を行ったために，その行為が cheat 事象として解釈されたのでしょう。ただし，たとえば彼女が出せるお金が少なく，建築費用を下げるために同じ行為が行われたとすれば，help 事象だと解釈されるかもしれません。ここでもまさに，ある行為が要約され主観的解釈が与えられているのです。

動詞 help の場合と同様に，具体的行為そのものが文脈に委ねられ，表現されない場合もあります。

(24) 'His dad had a small business—printing, I think he said —which he had inherited from his own father. But he wasn't much of a businessman. He took on a partner who *cheated* him, so the business went bankrupt.'

(P. D. James, *The Lighthouse*: 270)

（「彼のお父さんは小規模な事業をしていました。確か印刷業だと彼が言っていましたが，それをお父さんは自分の父親から引き継いでいたんです。でもお父さんはそんなに事業に向いている人ではなくて，共同経営者を引き入れたんだけど，その人がお父さんをだまして，事業は破産してしまったんです」）

この例では，共同経営者が「利益を不当に自分のものにする」といった行為を行ったことが読み取れます。それについての露骨な表現を避けるためあえて明言せず，動詞 cheat を使って表現したものだと考えられます。

3.7.　まとめ

　以上で，Fellbaum (2013) が目的動詞という第3の分類を提唱していること，それが実は Rappaport Hovav and Levin (2010: 33) で動詞 exercise について述べている「指定されていない動きの集合」と同質の漠然とした変化であること，いずれも尺度のない変化を語彙化したものである以上，広い意味での様態動詞の下位分類にすぎないことを見てきました。そして，Semin and Fiedler (1992) による動詞のカテゴリー分けを参考に，狭義の様態動詞と目的動詞を，それぞれ記述的様態動詞と解釈的様態動詞と位置付けることで再整理しました。章の最後では，動詞 help と cheat の具体的解釈

について少し検討しました。

　次の章では少し話の方向を変えて，一つの語に多くの意味があるというのはどういうことなのかを考えてみましょう。

第4章 多くの意味がある動詞って なんでそうなってるの？

4.1. はじめに

　この章では，第3章で導入した様態動詞の下位区分（記述的様態動詞と解釈的様態動詞（目的動詞））も踏まえた上で，日本語動詞「走る」と英語動詞 run を取り上げ，その多義性を事象スキーマに基づく意味表示によってどう説明していくのか検討します。

　初めに2節で語根のフレーム意味論とそこからのプロファイルとはどういうことなのかを，出水（2018）の第9章で説明している内容をさらに補足しながら確認していきます。続く3節では，語の多義性とはそもそもどういうものなのかを，吉村（2004）を参考に学びます。さらに4節でまず，読者の多くが母語としていると考えられる日本語の動詞「走る」を例に取り，事象スキーマに語根を関連づけて意味表示を作る語彙意味論で，多義性がどのように説明できるのかを考えます。そして，英語動詞 run に関して，5節で自動詞用法，6節で他動詞用法を取り上げ，同様の説明方法を適用してみます。最後の7節はまとめです。

69

4.2. 語根のフレーム意味論

　第1章では，動詞の意味のうち語彙固有の部分は，それぞれの語を大文字にして< >に入れた「語根」(root)によって示すのだと言いましたが，厳密に言うともう少し複雑で，< >に入れて表示していたのは，語根が表す意味全体の一部にすぎません。このことについては，第2章の2.3節，2.4節でも必要な範囲で触れたのですが，もう一度きちんと見直していきましょう。

　出水 (2018: 106-113, 191-198) で詳しく説明しているのですが，実は< >に入っていて〈…ている状態〉〈…様態で〉のように説明されているのは，それぞれの語根がもつフレーム意味論的な意味（世界知識や文化知識を豊富に含んだ背景フレーム）のうち，着目されている部分だけなのです。それ以外の豊富な世界知識や文化知識は，すべて背景化されて，語根を事象スキーマに組み込む際には捨象される（つまり無視される）のです。そもそも意味フレーム全体は，図1に示されるように，さまざまな様態や状態を意味要素として含み，それらが複雑につながった形をしているため，そのままでは事象スキーマの *<STATE>* や *<MANNER>* の部分へと組み込むことができないのです。

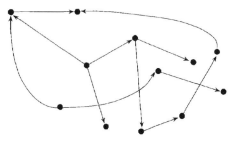

図1　現実世界での因果関係　（大堀 (2002: 98)）

第 4 章 多くの意味がある動詞ってなんでそうなってるの？　　71

このように複雑な因果関係のままではきちんと理解できないので，人間はこれらのうち一部のみに着目し，それ以外の部分を切り捨てるということを頭の中でします。このような認知操作を，大堀 (2002) は次のように説明しています。

(1)　世界での因果関係はきわめて入り組んでおり，図 [1] のようにいくつもの方面に影響が広がっている。何かの問題が現実世界で起きたとき，その原因はいったい何なのかを突き止めることが難しいのは，しばしば経験することである。その背後には，一つの出来事にはいくつもの原因があり，因果関係が多方面に及んでいるという事実がある。しかしながら，ヒトの認知プロセスでは，無数にはりめぐらされた因果関係の網の中から一筋の連鎖を取り出し，図 [2] のように線状的な関係へと還元することで出来事が理解されている。　　　　　　　　　　　　　　　（大堀 (2002: 98)）

図 2　線状化された因果関係

（大堀 (2002: 99)）

事象スキーマに組み込む前の段階で，このように複雑な因果関係を因果連鎖 (causal chain) へと線状化した上で，さらにその連鎖の一部のみに着目し，それ以外の部分を捨象するという認知操作が行われます。これは端的に言えば，因果連鎖の一部だけを切り出し，あとは背景化して無視するということです。そして，このように目を付けた一部分のみを切り出すことを，プロファイルすると言うのでした。これを図示していたのが，出水 (2018: 194) の図ですが，それに (d) 様態の部分を付け加えたものを見てみましょう。

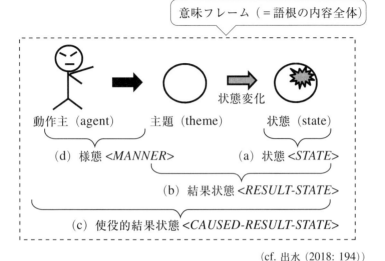

(cf. 出水 (2018: 194))

図3 因果連鎖のプロファイルと語根のタイプ

　第2章で見たように，プロファイルされた部分に，単一の属性がもつ値に基づく尺度を見いだすことができれば，それが結果語根だとみなされ，(b) 結果状態 <RESULT-STATE> か (c) 使役的結果状態 <CAUSED-RESULT-STATE> になります。もし，プロファイルされた部分が複合的な変化（記述的様態動詞の場合）や漠然とした活動（解釈的様態動詞（目的動詞）の場合）で，単一の属性がもつ値に基づく尺度を抽出することができなければ，(これら2種類の様態動詞の元になる) 様態語根となり (d) 様態 <MANNER> に相当します。最後に，第2章では触れなかったのですが，もし単一の属性がもつ尺度上の1点（一つの状態）だけがプロファイルされている場合，状態語根となり (a) 状態 <STATE> に対応することになります。

　このようなプロファイルの仕方は，結局，因果連鎖のうちどれだ

第4章　多くの意味がある動詞ってなんでそうなってるの？　　73

けの部分を切り出す（プロファイルする）のかという形でも説明し
直すことができます。具体的に言うと，この因果連鎖で黒の矢印と
灰色の矢印は変化を表しています。黒の矢印は尺度のない変化，灰
色の矢印は尺度のある変化です。因果連鎖全体の中から，一部だけ
に着目することによって，矢印二つ分（黒の矢印と灰色の矢印の両
方）を切り出す（(c) 使役的結果状態の場合），あるいは矢印一つ分
（黒の矢印か灰色の矢印のいずれか）を切り出す（(b) 結果状態や
(d) 様態の場合），あるいは矢印をまったく含めずに切り出す（(a)
状態の場合）という操作が行われるというのが，出水（2018: 191–
198）で示した内容でした。[1]

　そして，それぞれの切り出し方（プロファイル）に応じて，組み
込まれる事象スキーマが異なってくるということです。具体的に
は，以下のようになります。

切り出される範囲	組み込まれる事象スキーマ
(c) 使役的結果状態	[[x ACT] CAUSE [BECOME [y <CAUSED-RESULT-STATE>]]] 〔x が y を「… になるようにする」動詞〕（使役動詞） (cf. 第 1 章 (9))
(b) 結果状態	[BECOME [y <RESULT-STATE>]] 〔y が「… になる」動詞〕（到達動詞） (cf. 第 1 章 (8c))
(d) 様態	[x ACT<MANNER>] 〔x が「… する」動詞〕（行為動詞） (cf. 第 1 章 (8a))
(a) 状態	[y <STATE>] 〔y が「…（である）」動詞〕（状態動詞） (cf. 第 1 章 (8b))

---

　[1] こうした因果連鎖とその一部のプロファイルという考え方は，出水（2018:
194）でも注記したように，事象の捉え方の違いに重点を置いた認知言語学的な
考え方で，もともと Langacker (1990: 216-219) などで提示されたものです。

以上のことを，出水（2018: 197）では次のようにまとめていました。

(2) a. 語根が直接事象スキーマに組み込まれるのではない。というのも，そもそも語根は，意味フレーム（つまり，さまざまな様態や状態を意味要素として含み，それらが複雑につながった概念）を表しているため，そのまま直接事象スキーマに結びつけることはできない。

b. したがって，その意味フレームの一部に着目し（これを「プロファイルする」といい，そのようにして着目された部分は「プロファイル」と呼ばれる），それが様態，状態，結果状態，使役的結果状態のいずれであるかによって，それぞれ［第 1 章の（8a）（8b）（8c）（9）］のどの事象スキーマに組み込まれるのかが決まる。

c. 同じ語根から複数の意味表示が作られる場合，プロファイル（される部分）の違いによって関連づけられる事象スキーマが異なってくることからそのようになっている。

（出水（2018: 197））

では，語根の表す意味フレームはそもそもなぜ，さまざまな様態や結果状態や状態を要素として含んでいるのでしょうか。それぞれの語根が，常に一つの様態や結果状態や状態だけ（つまり尺度のない変化か，尺度のある変化か，尺度上の 1 点の状態のいずれかだけ）を含んでいる方が，いちいち切り出し（プロファイル）するという操作を行わなくていいだけ，わかりやすいとか楽だとか考えたりしてしまいませんか？ でもそれだと，実はたくさんの単語が必要になって，人間の記憶力に負担がかかってしまうのです。

　ある程度つながりをもった一連の様態や結果状態，状態に，各語

第4章　多くの意味がある動詞ってなんでそうなってるの？　　75

根がまとめて一つの名前を付けることで，人間の頭は語彙に情報をうまく整理・蓄積して利用していると言えます。[2] 多義語（polysemous word）と呼ばれるたくさんの意味をもつ語は，まさにこのような語根の性質を反映しているものなのです。以下では，多義語，および語の多義性について考えていきます。

4.3.　語の多義性

　この節では，吉村（2004）が多義性について説明していることを引用しながら，多義ということについて学んでいきます。そもそも，一つの語がたくさんの意味をもつ多義語となる，つまり語の多義性（polysemy）が生じるのには理由があります。

(3)　言語生活で欠かすことのできないことばの単位は語です。語のあつまりを総称して語彙（lexicon）と言いますが，一般に，語彙の多い人ほど表現力が豊かです。でも，片端から語彙を増やして，語の数が無制限に増えますと，記憶に負担がかかって頭がパンクしてしまいます。そこで，どうするかと言いますと，ひとつの語にいくつもの意味をもたせて記憶の負担を軽くします。　　　　　（吉村（2004: 96））

つまり，もし一つの語に一つの意味しかないとすれば，そうした語を複雑に組み合わせて表現する場合を別にして，少しでも違う概念を表そうとすると別の語が必要となり，語の数が爆発的に増えて，人間の記憶に対する負担が大きくなってしまいます。そのため，い

---

[2]　各語根が名前と関連づけられているということについては，出水（2018: 106–108）で説明してあります。

くつかの似ている意味やつながりのある意味（場合によっては，一つの因果連鎖の各部分だと捉えることのできる一連の意味）を，まとめて一つのぼんやりとした意味で捉えて，一つの語根で名付けて，一つの語で表すということが行われるのです。

　吉村（2004）は日本語の「走る」を例に挙げて，「走る」の意味を《連続して速く動くさま》だとぼんやり大きく捉えた上で，場面に応じて推論によって肉付けすれば，うまく理解できるとしています。

(4)　たとえば，日本語の「走る」を例に考えてみましょう。「走る」＝《連続して速く動くさま》のような意味です。この意味さえ知っていれば，これ以外のいろいろな意味（＝多義）を推論することができます。普通に言う「マラソンランナーが走る」のような当たり前の意味のほかに，「道が東西に走る」「背中に痛みが走る」「夫を捨てて愛人に走る」のような「走る」の意味も分かります。かりに，「マラソンランナーが走る」の「走る」と「痛みが走る」の「走る」を違う語で言おうとすれば […]，たしかに語彙が増えますが，記憶に負担がかかります。結局，いろんな意味をひとつの語という「かたち」に収めることで記憶の省エネをしているのです。　　　　　　　　　　　　　　　　　　　（吉村（2004: 96-97））

ぼんやり大きく，つまり大まかに捉えるということは，いくつもの意味すべてに当てはまる共通点に着目してそれらを関連付けるということになります。

(5)　「走る」＝《連続して速く動くさま》のように，意味を大きくとらえて記憶しておけば，使い方に応用が利くということです。［…］別の言い方をすれば，「走る」という語を《連

第4章　多くの意味がある動詞ってなんでそうなってるの？　77

続して速く動くさま》と記憶しておくことで，さまざまな
もののようすを関連づけて理解できるということです。

(吉村 (2004: 97))

日本語の「走る」を『明鏡国語辞典』(第二版) で引いて，主要な意
味を挙げると次のようになります。

(6)　① 人や動物が足を交互にすばやく動かして移動する。か
　　　　ける。「ランナーが全速力で走る」「廊下を走ってはい
　　　　けない」「家から駅まで走って行く」

　　② 乗り物などが進む。また，運行する。「電車が郊外を
　　　　走る」「ここのバスは十二時を過ぎても走っている」

　　⑪ ある方向や状況に強くかたむく。「悪の道に走る」「非
　　　　行に走る」「私利私欲に走る」
　　　　［表現］あるべき状態にとどまれない意から，多くマイ
　　　　ナスに評価していう。

　　⑫ ある方向に通じている。また，細長く延びる。「南北
　　　　に国道が走る」「全身に走っている神経」

　　⑬ 光・音などが瞬間的に現れて消える。「夜空に稲妻が
　　　　走る」「閃光が走る」

　　⑭ ある感覚・感情などが瞬間的に現れて消える。「肩に
　　　　痛みが走る」「顔に不安の影が走る」

(『明鏡国語辞典』(第二版)「はしる」の項から抜粋)[3]

---

[3] 参考までに抜粋しなかった語義を挙げておきます。これらは③〜⑤以外，そ
れほど現代日本語で使われていないと感じたものや，やや特殊な専門用語・業界
用語的な印象をもったものです。なお，③〜⑤に関してはやや扱いが難しいので
すが，いずれどこかで取り上げるつもりです。

　　③ 目的の場所へ急いで行く。急行する。急ぐ。「取るものもとりあえず事

78

吉村（2004）の言う《連続して速く動くさま》のような意味は，これらの意味すべてに当てはまる（つまり共通して見られる）公約数的な部分です。したがって，複数の意味を抽象化して得られる知識形態なので，認知言語学で言うスキーマ（schema）に相当します。そのため，吉村（2004: 98）も言うように「これは，すべての多義に通じる共通の意味ですので，スキーマ的意味（schematic meaning）に」なるわけです。

　一方，何の前置きもなく「走る」という単語の意味を説明して下さいと言われたら，皆さんは（6）のいくつかある意味のうち，どれについて説明しますか。ほとんどの人は①の「人や動物が足を交互にすばやく動かして移動する」という明確な記述的様態を表す意味について説明するのではないかと思います。つまり，「走る」と言えばふつう①の意味だということです。このようにあるカテゴリー（ここでは「走る」が表す色々な意味のグループ）内で最も典型的な要素のことをプロトタイプと呼びます。

　　故現場へ走る」「悲鳴を聞いて隣室に走る」
④　目的達成のために急いで行動する。特に，安易な手段での解決を急ぐ。「ドル買いに走る」「対抗策として対立候補の擁立に走る」「売上げ減となるとすぐさま値上げに走る」
⑤　ある目的のために忙しく動き回る。東奔西走する。駆けずり回る。飛び回る。「金策に走る」「賛成の取り付けに走る」
⑥　（急いで）逃げ去る。また，逃げてある側につく。「味方を裏切って敵方に走る」
⑦　水などが勢いよく流れる。また，水などが飛び散る。ほとばしる。「岩間を清水が走る」「傷口から血が走る」
⑧　すべり出る。「刀が鞘さやから走る」
⑨　投げた球がスピードに乗る。「今日はボールがよく走っている」
⑩　文字・文章などが思いどおりに書ける。「すらすらとペンが走る」「筆が走り過ぎて筆禍事件を起こす」

第 4 章　多くの意味がある動詞ってなんでそうなってるの？　　79

(7)　「〜と言えば ...... だ」という言い方があります。たとえば，
「果物と言えばバナナだ」「動物と言えばライオンだ」「花
と言えばサクラだ」「ファーストフードと言えばハンバー
ガーだ」などです。こうした言い方で，「X と言えば」の X
がカテゴリーで，「Y だ」の Y に当たるものがプロトタイ
プです。[...] 一般に，あるカテゴリーの中の代表例をプロ
トタイプと呼び，それ以外の事例と区別します。

(吉村 (2004: 30))

以上から，「走る」の場合，①の意味がプロトタイプ的意味 (proto-
type meaning) になります。

　つまり，一つの単語にいくつもの意味がある（＝ある語が多義的
である）ということは，スキーマ的意味で捉えることのできる範囲
内で，プロトタイプ的意味以外に色々な意味が生じているというこ
とになります。

(8)　「走る」の意味はこうしたプロトタイプ的意味だけではあり
ません。[...]「道が東西に走る」「背中に痛みが走る」「夫
を捨てて愛人に走る」[...] などなど，いろいろな意味，す
なわち周辺的意味 (marginal meaning) ができます。こう
した「走る」の意味は，プロトタイプ的意味からの意味拡
張 (semantic extension) ととらえることができます。

(吉村 (2004: 98))

そして，このような意味拡張は，プロトタイプ的意味に含まれてい
るいくつもの細かな意味属性のうち，一部の意味属性のみに着目
し，他の意味属性を捨象することによって行われます。

(9)　プロトタイプ（「マラソンランナーが走る」）の「走る」の意
　　　味には，《人間が足を連続して速く動かし移動するさま》の
　　　ように，「人間」「足」についての情報が潜んでいます。そ
　　　こから意味拡張された「道が東西に走る」の「走る」では，
　　　「人間」「足」の代わりに（道を見渡す）「視線」の移動イ
　　　メージ，つまり心的走査（mental scanning）が関わってい
　　　て，それが（直線的に）速く動くさまをとらえています。
　　　同じように，「背中に痛みが走る」の「走る」は，「人間」
　　　「足」の代わりに「感覚（とくに痛覚）」が（直線的に）速く
　　　動くさまをとらえています。　　　　　　　（吉村（2004: 98））

したがって，吉村（2004: 98）が言うように，「いずれの場合もプ
ロトタイプ（「走る」）の意味属性の一部（「連続して速く動くさま」）
が共有されたかたちで属性の連鎖が生じて」います。
　ここで興味深いのは，すべての意味に共有されているのが「連続
して速く動くさま」という大ざっぱで公約数的な意味特性のみだと
言うことです。つまり，「人間が足を連続して速く動かし」という
複合的変化からなる，まさに「走る」を記述的様態動詞にしている
意味属性は，プロトタイプ的意味だけに含まれているわけです。そ
こからさらに言えるのは，意味拡張によって生じた周辺的意味の場
合，「走る」を記述的様態動詞にしているこの意味属性を含んでい
ない以上，記述的様態動詞ではなくてもよい（つまり，その複合的
変化の多くが捨象されることで，単一の属性がもつ値による尺度上
の変化や一点の状態だとみなされ到達動詞や状態動詞になることも
あれば，漠然とした行為を表す解釈的様態動詞（目的動詞）になる
こともある）のではないかということです。それについて以下では
さらに考えていきましょう。

4.4. 日本語動詞「走る」の多義性

　日本語の小説を読んでいると，「走る」という動詞はよく出てきますが，細かく見ていくと色々な意味で使われていることがわかります。以下の例では，（　）内に（6）で見た『明鏡国語辞典』（第二版）の何番の意味に相当するのかが示してあります。

(10) a.　柚木はふらつく足を踏みしめて走った。（①）

　　　　　　　　　　　　　　　　　　（勝目梓『地獄の十点鐘』: 303）

　　b.　バスがまだ走っているというのに，美紀は降車口に向かって歩き出した。（②）　　　　（仙川環『人体工場』: 83）

　　c.　さくらの決意を思うと，気の毒な気がしたが，摩耶をいとも簡単に切り捨てた山野のことだ，さくらに飽きれば次の女に走るに決まっている。（⑪）

　　　　　　　　　　　　　　　　　　　（楡周平『フェイク』: 344）

　　d.　［駅の］フォームを出たところに，国道が走っている。（⑫）　　　　　　　　　　　　（鮎川哲也『沈黙の函』: 138）

　　e.　また頭上で稲妻が走り，天地を震わせた。（⑬）

　　　　　　　　　　　　　　　　　　　（門田泰明『黒豹叛撃』: 84）

　　f.　屈伸運動をすると，腕や太腿や腹筋に痛みが走った。（⑭）　　　　　　　　　　　　（勝目梓『地獄の十点鐘』: 62）

では，このような多義性，つまり多義語がもついくつもの意味を，Levin と Rappaport Hovav による語彙意味論ではどのように扱うことができるのでしょうか。

　これらはそれぞれ異なる意味で用いられているのですから，異なる意味表示をもっていなければなりません。意味表示というのは，語根を事象スキーマと組み合わせることで作り出されるのでしたか

ら，結局，一つの語根が複数の事象スキーマと組み合わされること
によって，複数の意味表示ができると考えるべきだということがわ
かります。このことは，1998年の時点ですでに次のように述べら
れています。

(11) [...] verbs with multiple meanings are associated with
     multiple lexical semantic representations. These multiple
     meanings usually arise from the association of a single
     [root] with more than one [event schema].

                          (Rappaport Hovav and Levin (1998: 107))[4]

     （複数の意味をもつ動詞は，複数の語彙意味表示と関連づけられる。
     このような複数の意味は通例，単一の語根が複数の事象スキーマ
     と関連づけられることから生じる）

これはまさに，この章の2節で見たような，共通の意味フレーム
からの切り出し方の違いによって異なる事象スキーマに組み込まれ
るということだと考えられます。

　まず，日本語の動詞「走る」の語根がもつ意味フレーム全体を，
次のようなものだと考えてみます。

---

　[4] ここでも，出水 (2018: 102, 106) 同様に，constant → root, event structure
template → event schema という Rappaport Hovav and Levin (2010) 以降の用
語の修正を，[ ] の部分で反映させてあります。

第4章 多くの意味がある動詞ってなんでそうなってるの?　　83

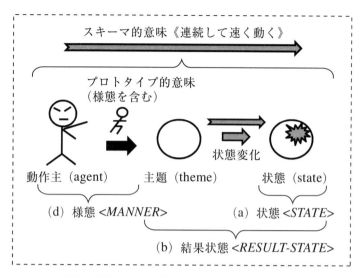

図4　「走る」の意味フレームとプロファイル

(10a)の「柚木はふらつく足を踏みしめて走った」の場合、人である「柚木」が主語で、「足を踏みしめて」という修飾語句が含まれています。そこから、この「走る」は「人が足を交互にすばやく動かして」という(6)①のプロトタイプ的意味を表すことがわかります。この意味は具体的な様態(複合的な変化)に関する意味属性を含んでいますので、この「走る」は記述的様態動詞で、図4の(d)で示された切り出し方(プロファイルの仕方)の結果生じたものだと考えられます。したがって以下のように、様態動詞の事象スキーマに、〈走る様態で〉を表す語根として組み込まれることになります。

(12)　manner → [x ACT$_{<MANNER>}$]
　　　　　　　〔x が「…する」動詞〕(行為動詞)

(出水 (2018: 193))

次に，（10b）の「バスがまだ走っている」という例ですが，この場合，（6）②の「乗り物などが進む」という意味を表します。これは「乗り物が車輪などをすばやく動かして」という意味属性をもち，この意味属性を，「人が足を交互にすばやく動かして」という様態の意味属性と似ているものだと捉えて，同じ動詞で表しているのです。そのため，この例も複合的な変化を含む記述的様態動詞だと考えられ，（6）①の意味と同じように（d）のプロファイルが（12）によって事象スキーマに組み込まれ，意味表示ができるのだと考えられます。

今度は，（10c）の「次の女に走る」という例について考えてみましょう。これを文字通り，次の女のもとへ「足を交互にすばやく動かして」行ったと（6）①の意味で解釈するのには少し無理があります。これは（6）⑪の意味に相当するのですが，同じ意味を『新明解国語辞典』（第七版）では「自制心が働かず（慎重に考える余裕を失い）好ましくない方向に進んだ状態になる」と定義しています。ここからわかるように，この意味の場合，移動の様態は背景化されていて，ある状態になることがプロファイルされています。そのため，図4の（b）に相当すると考えるべきです。こうしてプロファイルされた部分が，〈走っている状態〉という結果状態を表す語根として，到達動詞の事象スキーマに組み込まれます。

(13)　achievement → [BECOME [y <*RESULT-STATE*>]]
　　　　　　　　　〔y が「… になる」動詞〕（到達動詞）

（出水 (2018: 195)）

続けて，（10d）の「国道が走っている」を検討してみましょう。この場合（6）⑫に相当し，（9）で吉村（2004）も言っているように，（道を見渡す）「視線」の移動イメージ，つまり心的走査 (mental scanning)」が「走る」という動詞によって表されています。でも，走査される側の「国道」は，「ある方向に通じている」状態であって，何の変化も含んではいません。したがって，これは現在「国道」に当てはまっている状態を表し，図4の (a) に相当します。そのため，プロファイルされた部分が，〈走っている状態〉を表す語根として，状態動詞の事象スキーマに組み込まれます。

(14)　state → [y <*STATE*>]
　　　　　〔y が「… (である)」動詞〕(状態動詞)

(出水 (2018: 195))

　最後に，(10e) の「稲妻が走り」と (10f) の「痛みが走った」を考えます。これらはそれぞれ (6) の⑬と⑭に相当するのですが，いずれも光や感覚が「瞬間的に現れて消える」ことを表します。これは何らかの変化が生じて，それが最後に〈走り去ってしまったように消えている状態〉になったことを表します。そのため，(10c) の例と同様に到達動詞 (「… になる」動詞) の意味を表し，図4の (b) に相当すると考えるべきです。したがって，やはり (13) によって到達動詞の事象スキーマに組み込まれることになります。

　以上をまとめておきましょう。日本語の「走る」という動詞の語根は，「連続して速く動く」というスキーマ的意味によってまとめられる一連の意味属性からなる大きな意味フレームを語彙固有の意味としてもっています。その中には，「人間が足を連続して速く動かす」という複合的変化 (記述的様態＝尺度のない変化)，および因果関係によってそれに関連づけられる結果状態 (尺度のある変化) や状態などが含まれています。そして，「走る」の色々な意味は，それぞれ意味フレームのうち異なる部分がプロファイルされ，プロファイルされた部分がそれと適合する事象スキーマへと組み込まれ

て生み出された意味表示によって表されるということです。それぞれの意味と，生み出される意味表示をまとめると，次のようになります。

語義	用例	意味表示
①人や動物が足を交互にすばやく動かして移動する	(10a) 柚木はふらつく足を踏みしめて走った。	[x ACT_{<RUN>}]〔x が「〈走る様態で〉する」自動詞〕
②乗り物などが進む	(10b) バスがまだ走っているというのに，…	[x ACT_{<RUN>}]〔x が「〈走る様態で〉する」自動詞〕
⑪好ましくない方向に進んだ状態になる	(10c) … さくらに飽きれば次の女に走るに決まっている。	[BECOME [y <RUN>]]〔y が「〈走っている状態〉になる」自動詞〕
⑫ある方向に通じている	(10d) … 出たところに，国道が走っている。	[y <RUN>]〔y が「〈走っている状態〉自動詞〕
⑬光・音などが瞬間的に現れて消える／⑭ある感覚・感情などが瞬間的に現れて消える	(10e) また頭上で稲妻が走り …／(10f) … 腕や太腿や腹筋に痛みが走った。	[BECOME [y <RUN>]]〔y が「〈走り去ってしまったように消えている状態〉になる」自動詞〕

では，英語の動詞 run も同様なのでしょうか。実は，日本語の動詞「走る」とは違って，run には他動詞用法もあるので，もう少し複雑になります。以下ではそれを見ていきましょう。

4.5. 英語動詞 run の自動詞用法

　以下では英語の動詞 run の例を取り上げ，4.4 節で日本語の「走る」に関して適用したものと同じ仕組みを使って，その意味を分析していきます。まず自動詞用法に着目し，出水（2018）でも引用した実例から考えていきましょう。

(15) a.　The boots were small, tight in the toe. A blister was coming up on the heel. Another hour and his feet would be bleeding.

　　　　Still, he *ran*.

　　　　He *ran* because he was scared.

　　　　　　　　　　　　　(Christopher Reich, *The First Billion*: 445)

　　　（ブーツは小さく，つま先の部分がきつかったし，水ぶくれがかかとにできかけていた。あと一時間もすれば，足から血が出ているだろう。それでも彼は<u>走った</u>。彼が<u>走った</u>のは，怖かったからだ）　　　　　　　　　　　　　　（＝出水（2018: 44））

　　 b.　I steered with one hand and used my knees to hold the wheel in place. Luckily Wisconsin Avenue *ran* through the city in a relatively straight line.

　　　　　　　　　　　　　(Laura Durham, *Better Off Wed*: 225)

　　　（私は片手で運転し，膝を使ってハンドルを固定していた。幸いなことに，町を貫くウィスコンシン・アヴェニューは割とまっすぐ<u>走っていた</u>）　　　　　（＝出水（2018: 83））

　(15a) は出水（2018: 42–47）で移動様態動詞の事象スキーマを考えたときに取り上げた例です。ここでは，彼が足が痛いにもかかわらず，必死で足を交互にすばやく動かして移動する様子が表現さ

れています。先ほど見た日本語「走る」の（10a）の例と同じく，「足」への言及がされていて，まさに複合的な変化からなる記述的な移動様態を表していることがわかります。つまり，日本語の「走る」の（6）①と同様のプロトタイプ的意味で使われているのです。

　一方，（15b）は出水（2018: 81–83）で参与者が一つの状態動詞の一例として取り上げたもので，道路がある経路で存在することを動詞 run が表しています。道路は，何者かがそれらを破壊したり，それらが消滅するほどの災害が起こったりしない限り，過去から現在を経て未来まで同じ形状で存在し続けます。このように何もない場合（つまりそれに対して何かをしたり，何かがそれに対して起こったりしない場合）にずっとそのままである状況が状態であり，そのような状況を表すのが状態動詞でした。こうした状況を表すのに動詞 run が英語で用いられる理由は，上の（9）で吉村（2004）が日本語の「走る」について述べているのと同じで，（道を見渡す）「視線」の移動イメージが（直線的に）速く動くさまを表しているからです。つまり（10d）の「走る」の例と同じように状態を表し，日本語「走る」の（6）⑫に相当するものです。

　では，それ以外に，日本語「走る」の（6）（10）で見てきたのと同じような意味を表す用法が，英語の動詞 run にもあるのでしょうか。実はあるので，それを見ていきましょう。まず，乗り物が主語になっている例から見ます。

(16) a. Trains are still *running*, despite the snow. (*CALD*[4])
　　　　（雪が降っているものの，列車はまだ走っている）

　　 b. It was a very old, very beat-up Mercedes, but it *ran* smoothly, […]. (Robert Tine, *Eraser*: 157)
　　　　（非常に古く，非常におんぼろのメルセデスベンツだったが，

第4章　多くの意味がある動詞ってなんでそうなってるの？　　89

走りはなめらかで…)

これらの例では，「列車」「メルセデスベンツ」が進むことを動詞
run が表しており，しかもそれをそのまま日本語の「走る」を使っ
て訳すことができます。これは，日本語「走る」の (6) ②とほぼ同
じ意味を，英語の run も表すことができるということです。

　次に，感覚・感情などが主語となっている英語の動詞 run の例
を見てみましょう。

(17) a.　I felt a sharp pain *run* down my leg.　　　　　(*LDOCE*⁶)

　　　　　(脚に鋭い痛みが走るのを感じた)

　　 b.　She herself had destroyed any chance she might have
　　　　　had for Baydr's love.　Then a chill *ran* through her.

　　　　　　　　　　　　　　　　(Harold Robbins, *The Pirate*: 385)

　　　　　(彼女はベイドウの愛情を得られたかもしれない機会をことご
　　　　　とく自分でぶち壊してしまったのだ。その時彼女の身体に寒気
　　　　　が走った [＝彼女はぞっとした])

　　 c.　A feeling of excitement *ran* through her body as they
　　　　　touched.　　　　　　　　　　　　　　　　　(*LDOCE*⁶)

　　　　　(二人が触れ合うと，興奮の感覚が彼女の身体を走り抜けた)

これらの例でも，「痛み」「寒気」「感覚」が瞬間的に現れて消える
ことを動詞 run が表していて，日本語の「走る」を使って何とか訳
すことができます。したがって，日本語「走る」の (6) ⑭の意味に
近いと言えるでしょう。ただし，英語の run の場合，次の例のよ
うに感情・感覚だけでなく，思考も主語に取ることができます。

(18)　Another thought *ran* through Dick's mind.

　　　　　　　　　　　　　　　　(Harold Robbins, *The Pirate*: 327)

（ディックの頭をまた別の考えがよぎった）

日本語の「走る」にはこのような「思考」が現れる意味を表す用法
はありませんから，「よぎる」のような別の動詞を使って訳すこと
になります。[5] ここからわかるように，日本語「走る」と英語 run
が表せる意味の範囲は，完全に一致しているわけではないのです。[6]

　英語の run は自動詞用法だけを取ってみても，日本語の「走る」
が表さないさまざまな意味を表します。たとえば，人が移動したり
乗り物が進んだりする様態は継続的な行為ですが，このうち継続と
いう意味属性のみをプロファイルした意味で，英語の run が用い
られているのが，次のような継続期間を表す例です。

(19) a.　The permit *runs* for three months.　　　　(*OALD*[9])

　　　（許可証は 3 ヵ月有効だ）

　　 b.　The play *ran* for two years.　　　　　　(*LODCE*[6])

　　　（その劇は 2 年間上演された）

---

[5] 逆に，日本語の「走る」が光・音などが現れることを表せるのに対して，英
語の run にはこのような用法はないので，以下のように別の動詞を使って訳す
ことになります。
　(i)　稲妻が走った Lightning *flashed* in the sky.
　　　　　　　　　（『ウィズダム和英辞典』第 2 版，「稲妻」の項）
[6] 日本語の「走る」が表す (6) ⑪「好ましくない方向に進んだ状態になる」に
関しても，英語の run には対応する用法がありませんので，英語に訳すとすれ
ば他の動詞を使うことになります。
　(i)　a.　非行に走る *become* delinquent／*take to* delinquency
　　　　　　　　（『ジーニアス和英辞典』第 3 版，「はしる」の項）
　　　 b.　彼女は夫も子供も捨てて男のもとに走った She *fled* to the man she
　　　　　 loved, forsaking her husband and children.
　　　　　　　　　（『オーレックス和英辞典』，「はしる」の項）

OALD[9] は（19a）の語義を「特定の期間運用される，ないし有効である」(to operate or be valid for a particular period of time) と定義し，*LDOCE*[6] は（19b）の語義を，「一つの場所で定期的に上演され続ける」(to continue being performed regularly in one place) と定義しています。よく見ると，いずれの定義にも be valid, be performed という状態的に解釈できる語句が含まれているのがわかります。そこから，これらは〈継続している状態〉であることを表すので図4の（a）に相当し，（14）によって状態動詞の事象スキーマに組み込まれると考えられます。

また，移動・進行という意味属性のみを，人や乗り物ではなく液体に当てはめた意味が，英語の run には見られます。この場合，対応する日本語の動詞は「走る」ではなく「流れる」などになります。[7]

(20) a. Water was *running* off the roof. (*LDOCE*[6])

(水が屋根から流れ落ちていた)

b. He tried to smile, and a tear *ran* down his cheek.

(Christopher Reich, *The First Billion*: 564)

(彼が微笑もうとすると，涙が頬を流れ落ちた)

c. Who left the tap *running*? (*OALD*[9])

(誰が水道を流しっぱなし［出しっぱなし］にしたのか)

この場合，出水（2018: 176-177）で取り上げた，外的原因によって転がり落ちることを表す動詞 roll と同じで，〔y が「… になる」動詞〕（到達動詞）の意味になります。具体的に言うと，坂を「転

---

[7] 李（2010: 68-71）で取り上げられているように，日本語の動詞「流れる」も多義語です。

がる」（roll）岩と同様に，水や涙が重力に引きつけられたり，せき止める水道栓から解放されたりといった外的原因によって，〈流れている状態〉という結果状態になったことを表します。そのため，(13) によって到達動詞の事象スキーマに組み込まれると考えられます。

さらに，液体がある場所から移動してしまうと，結果としてその場所から液体がなくなります。この場合も，その場所の状態が変化するということなので，やはり〔y が「... になる」動詞〕（到達動詞）になります。動詞 run をこのように動詞 become に近い意味で使う場合には，変化した状態を表す形容詞を直後に置いて，次例のように使います。

(21)　a.　The river *ran* dry last summer.　　（*LDOCE*[6]; dry の項）
　　　　　（その川は昨年の夏に干上がった）

　　　b.　Vittoria pictured the multitudes of people surrounding Vatican City, and her blood *ran* cold.　"If you bring the antimatter up … everyone will *die!*〔原文イタリック体〕"　　　　　　　（Dan Brown, *Angels & Demons*: 485）
　　　　　（ヴィットリアは大勢の人々がヴァチカン市国を取り囲むのを想像し，血の凍る思いをした。「反物質を持ち出したら …… みんな死ぬ！」）

(21a) は川の水が，川から別の場所へ流れてしまい，川が乾いた（干上がった）状態に変化したことを描いています。一方，(21b)ではヴィットリアがぞっとした感覚を，血液の移動のように感じたことが表されています。血液がヴィットリアの身体から実際にどこかへ行ってしまうのではないのですが，ぞっとした感覚というのは，自分の身体から血液がなくなって，その結果身体が冷たくなっ

たような感覚に近く感じられます。それを表現しているのが，この her blood *ran* cold. という表現なのです。[8]

　以上で，英語動詞 run が表す，日本語動詞「走る」と共通する意味，および英語動詞 run のみに見られる意味を，順に見てきました。これを，先ほど日本語動詞「走る」に対して行ったのと同じように表にまとめると，以下のようになります。まず日本語の「走る」に対応する意味があるものをまとめてみます。

語義	用例	意味表示
人や動物が足を交互にすばやく動かして移動する（＝(6)①）	(15a) He *ran* because he was scared.	[x ACT$_{<RUN>}$]〔x が「〈走る様態で〉する」自動詞〕
乗り物などが進む（＝(6)②）	(16a) Trains are still *running*, .../ (16b) ... it *ran* smoothly ...	[x ACT$_{<RUN>}$]〔x が「〈走る様態で〉する」自動詞〕
ある方向に通じている（＝(6)⑫）	(15b) Wisconsin Avenue *ran* through the city in a relatively straight line.	[y *<RUN>*]〔y が「〈走っている状態〉」自動詞〕
ある感覚・感情・思考などが瞬間的に現れて消える（＝(6)⑭）	(17a) I felt a sharp pain *run* down my leg./ (17b) Then a chill *ran* through her./ (18) Another thought *ran* through Dick's mind.	[BECOME [y *<RUN>*]]〔y が「〈走り去ってしまったように消えている状態〉になる」自動詞〕

---

　[8] なお，このように動詞が自動詞のままで，直後に形容詞を取るような構文は，Levin and Rappaport Hovav (1995: 209) で述べられているように，〔y が「...になる」動詞〕（到達動詞）の特徴です。

続いて，日本語の「走る」にはなく，英語の run のみに見られた意味をまとめてみましょう。

語義	用例	意味表示
ある期間続く	(19a) The permit *runs* for three months./(19b) The play *ran* for two years.	[y <*RUN*>]〔y が「〈続いている状態〉」自動詞〕
液体が流れて移動する	(20a) Water was *running* off the roof./(20b) … a tear *ran* down his cheek./(20c) Who left the tap *running*?	[BECOME [y <*RUN*>]]〔y が「〈流れている状態〉になる」自動詞〕
液体が流れて移動した結果，場所が状態変化する	(21a) The river *ran* dry last summer./(21b) … her blood *ran* cold.	[BECOME [y <*RUN*>]]〔y が「〈走り去ってしまったように消えている状態〉になる」自動詞〕

以上で，英語動詞 run の自動詞用法を，日本語動詞「走る」と対照しながら，事象スキーマに基づく意味表示を使って分析してきました。しかしながら，英語動詞 run には日本語動詞「走る」にはない他動詞用法もあります。以下ではそれを見ていきます。

4.6. 英語動詞 run の他動詞用法

　この節では，英語の動詞 run が他動詞として用いられた場合に，どのような意味を表すのかを，例を取り上げながら見ていきます。初めに，動詞 run の他動詞用法として最も一般的に想起されると思われる「経営する」「管理する」を表す例を見ます。続けて，そこから拡張されたと考えられる，ある活動を「運営する」「行う」

第4章 多くの意味がある動詞ってなんでそうなってるの？ 95

を表す例を考え，さらに，ある状況を「もっている」を表す例を検
討します。その後，目的語だけでなく前置詞句も取る用法に目を向
け，その場合にはスキーマ増設という意味操作が関わっていること
を見ていきます。

4.6.1. 目的語のみを取る用法

英語を勉強していて，みなさんが最初に出会った動詞 run の他
動詞用法ってどんなものでしょうか。おそらく，次の (22) に示す
ような，「経営する」という意味のものでしょう。

(22) a. For a while, she *ran* a restaurant in Boston. (*LDOCE*[6])
  (ある時期，彼女はボストンでレストランを経営していた)

  b. As they were being served their main course, Daniele
   Roux, who *ran* the hotel with her husband, François,
   approached the table and smiled.

           (Sidney Sheldon, *Morning, Noon and Night*: 7)

  (メインコースが出されている間に，夫のフランソワと共にホ
  テルを経営しているダニエル・ルーがテーブルにやってきて微
  笑んだ)

ただし，レストランやホテルのような個人や会社が経営するような
ものよりも，もっと大規模なものを run することを表す (23) のよ
うな用法もあり，この場合，日本語の「管理する」に相当します。

(23) a. They were in the Red Sea, and Cabrillo had already
   called in enough favors with Atlas Marine Services,
   the Egyptian company that *ran* the Suez Canal, to see
   that his ship would be part of the next morning's only

northbound convoy.

(Clive Cussler with Jack Du Brul, *Plague Ship*: 181)

（彼らは紅海にいたが，カブリリョはすでにアトラス海運会社
というスエズ運河を管理するエジプト企業に，十分な見返りと
して，自分の船が翌朝北へ向かう唯一の船団に含めてもらえる
よう取り計らうことを求めていた）

b. The control of Spandau had been a four-power opera-
tion from the start. A board of four directors—one
each from the United States, Great Britain, France, the
Soviet Union—*ran* the prison and met weekly.

(Irving Wallace, *The Seventh Secret*: 178)

（シュパンダウ刑務所の管理は初めから連合国4カ国の事業だっ
た。四人の刑務所長からなる委員会（所長はアメリカ合衆国，
イギリス，フランス，ソビエト連邦から一名ずつだった）がこ
の刑務所を管理し，毎週集まっていた）

以上で，ある種の組織や事業体を運営することを表す例を見てきま
した。

このような例以外に，もっと小さな規模の組織的活動や，期間の
限定された組織的活動を運営することを，動詞 run が表すことも
あります。次のような例について考えてみましょう。

(24) a. For all his pompousness, the banker *ran* a meeting
well. Within less than half an hour, the principal busi-
ness had been disposed of.　(Arthur Hailey, *Hotel*: 400)

（もったいぶった感じではあったが，銀行家は会議をうまく進
めた。ものの30分もたたないうちに，重要案件はうまく処理
されていた）

第4章　多くの意味がある動詞ってなんでそうなってるの？　　97

b. He was one of a squad of twenty men under the command of a former army sergeant who was tough as nails and *ran* his squad on strict army discipline.

(Harold Robbins, *Memories of Another Day*: 251)

（彼は元陸軍軍曹指揮下の 20 人からなる分隊の一員だった。この元軍曹は恐れを知らず，自分の分隊を厳格な軍隊規律に従って<u>指揮した</u>）

c. He was the man who *ran* Clinton's election campaign.

(https://www.macmillandictionary.com/)

（彼こそがクリントンの選挙運動を<u>取り仕切った</u>のだ）

(24a) (24b) では，「会議」(meeting)，軍の「分隊」(squad) といった小規模な活動や組織を，銀行家が上手に運営したり元軍曹が厳しく運営したりするさまが描かれています。また，(24c) は，「選挙運動」(election campaign) という一定期間に限定された活動を，彼が運営していたことを述べています。なお，日本語訳では，それぞれの場合にもっと適切だと考えられる動詞を使ってあります。

　このような例からさらに意味が漠然としたものになって，単に「… する」(do) に意味が近づいていると感じられる使い方も，動詞 run にはあります（事実，*CALD*[4] は (25a) の例で run を do で言い換えて説明しています）。

(25) a. We're *running* (= doing) an experiment.　　(*CALD*[4])

（我々はある実験を<u>行っている</u>）

b. "What was *that* ［原文イタリック体］ all about?" Samantha asked as she fastened her seatbelt, plopped her purse atop the center console, and *ran* a quick check of her lipstick in the rearview mirror.

(Laura Childs, *Death by Darjeeling*: 157)

(「一体何だったの？」サマンサはそう訊ねながらシートベルト
を締めて，ハンドバッグをコンソールボックスの上にドサッと
置くと，口紅の具合をバックミラーですばやくチェック<u>した</u>)

c. "Had you heard the name before?"

"Not until I saw it branded on Mr. Vetra."

"So you *ran* a web search for it?"

(Dan Brown, *Angels and Demons*: 30)

(「その名前をこれまでに聞いたことがありますか」

「いや，ミスター・ヴェトラに焼き印として押されているのを
見るまでは知りませんでした」

「それで，ウェブ検索を<u>した</u>んですね」)

(25) に見られる run はいずれも do で置き換えて，doing an ex-
periment, did a quick check, did a web search と言うことも可能
です。ただし，do よりも run を使ったほうが，もう少し動作主の
関与が強いような感じがします。

　以上で見た動詞 run の他動詞用法すべてに共通しているのは，
動作主がある対象を比喩的な意味で「走らせる」，つまり「コント
ロールする」(to control) という意味です。ここで，第 3 章の (11)
(12) で Fellbaum (2013) が目的動詞の例として挙げているものに，
動詞 control が含まれていたことを思い出してみましょう。そこか
らわかるように，この control に近い意味を表す他動詞 run の用法
は，記述的様態動詞というよりもむしろ，解釈的様態動詞（目的動
詞）に分類されるものなのです。解釈的様態動詞（目的動詞）の事
象スキーマも，記述的様態動詞と同じく [x ACT$_{<MANNER>}$] なので，

第4章 多くの意味がある動詞ってなんでそうなってるの？ 99

目的語は語根項です。したがって，以上で見た他動詞 run の意味
表示は以下のようなものとなります。

(26) [x ACT$_{<RUN>}$ y]
    〔x が y に対して「〈走らせる様態で〉する」他動詞〕

　さて，動詞 run が目的語だけを取る用法には，さらに主語が動
作主性をもたない次のようなものもあります。(27a) の run the
risk of ... は「... の危険を冒す」「... のおそれがある」というイ
ディオムとして暗記した人もいるかもしれません。

(27) a. Anyone travelling without a passport *runs* the risk of
       being arrested.   (*LDOCE*[6]，名詞 risk の項)
       (パスポートを持たずに旅行する人は，身柄を拘束されるおそ
       れがある)

    b. "I *ran* a temperature and my legs swelled until I devel-
       oped varicose veins and formed phlebolith stones,
       which were removed after the war."

                        (Leon Uris, *QB VII*: 237)

       (「私は高熱を出し，両脚が腫れて静脈瘤ができ静脈結石が形成
       されました。結石は戦後除去してもらいました)

これらの用法の場合，動作主の意図的動作が何か行為を行うという
意味ではなく，主語によって表されている人がある状態に置かれて
いるという意味を表します。run a risk を *LDOCE*[6] で調べると，
「悪いことが人に起こりうる状況に置かれている」(to be in a situ-
ation where there is a possibility that something bad could hap-
pen to you) と定義されていますし，「高熱を出す」(run a temper-
ature) は have a temperature と言い換えることができます。つま

り be や have といった状態動詞を使って言い換え説明のできる意味であり，このような用法の run も状態動詞だと考えるのが妥当です。そのため，意味表示は (28) のようになります。

(28)　[y <*RUN*> z̲]
　　　〔y が z̲ に対して「〈走っている状態〉である」他動詞〕

4.6.2.　目的語と前置詞句を取る用法

さて，これまでのところでは，英語の動詞 run が目的語だけを取った例を見てきました。ところが，さらに複雑なことに，英語の run の他動詞用法には，目的語を取るだけでなく，その後に場所を表す前置詞句が続く用法があるのです。まず，(29) の例を見てみましょう。

(29) a.　He *ran* his fingers quickly over his chin and decided
　　　　that he could shave later. (Harold Robbins, *The Pirate*: 83)
　　　　（彼は自分のあごに指をさっと走らせ，ひげ剃りは後でもいいと判断した）

　　 b.　As Stanley waited, he *ran* his tongue over the roof of
　　　　his mouth and inside his cheeks.
　　　　　　　　　　　　　　　　　(Louis Sachar, *Holes*: 105)
　　　　（順番を待ちながら，スタンリーは口の中で，舌を上のところや頬の内側にはわせた）

　　 c.　They emerged into the trellis-covered beer garden, and
　　　　Bree *ran* his eyes over the various customers at the ta-
　　　　bles. (Irving Wallace, *The Seventh Secret*: 146)
　　　　（彼らがつる棚で覆われたビア・ガーデンに出ると，ブレーはそこのテーブルの客たちに目を走らせた）

第4章　多くの意味がある動詞ってなんでそうなってるの？　　101

これらの例では，自分の指，舌，目（この場合，実際には目線です）
といった身体の一部を，動作主がコントロールして，特定の場所に
向かって移動させたことが表されています。

　身体の一部だけでなく，動作主が自由に動かせる物（特に道具で
あることが多いです）を目的語とした次のような例もあります。

(30) a. The guard made a note on a clipboard as Lee *ran* her
security card through a scanner. (Robert Tine, *Eraser*: 38)
（警備員がクリップボード上でメモをしている間に，リーはセ
キュリティーカードを読み取り機に通した）

　　b. Golden *ran* the towel over his face again; the towel hid
his expression, for an instant, and muffled his voice.

(Domenic Stansberry, *The Spoiler*: 143)
（ゴールデンはもう一度タオルで顔を拭った。タオルが彼の表
情を隠したのは一瞬だったが，それが彼の声をくぐもらせた）

　　c. Swiftly, Collins *ran* his pen through this paragraph,
deleting it also. (Irving Wallace, *The R Document*: 135)
（すばやくコリンズはペンでこのパラグラフをなぞると，これ
も削除した）

　　d. This time he *ran* the flashlight beam slowly around the
room, holding the beam on the sofa, […].

(Irving Wallace, *The Seventh Secret*: 254)
（今度は懐中電灯の光線を部屋のあちこちにゆっくりと向けて
から，ソファにその光線を向けたままにした）

身体の一部と道具に共通する特性は，動作主が自由に動かして使え
るということです。したがって，(29) (30) に共通する意味を考え
ると，動作主がコントロールできる物を，特定の場所に向かって移

動させるということになります。

　これらの場合，状態変化動詞 open が，John opened the door.（ジョンはドアを開いた）のように使われる場合の「ドア」と同じように，動作主が何かすることによって，目的語によって表される物には位置変化，つまり広い意味での状態変化が生じます。そのため，関連づけられる事象スキーマは次のようなものになるはずです。

(31)　[[x ACT] CAUSE [BECOME [y <CAUSED-RESULT-STATE>]]]
　　　〔x が y を「… になるようにする」動詞〕　　　（使役動詞）

　ただし，open の場合と違うのは，run が「コントロールする」という意味を表す解釈的様態動詞（目的動詞）だということです。このような動詞は，様態語根が ACT 述語の修飾要素である <*MAN-NER*> になることによってできるものですから，結果状態は表すことができません。これは第1章の (12) で見た語彙化制約があるためで，出水 (2018: 122–124) で詳しく説明しているように，いわば一つの語根が ACT 述語と BECOME 述語に「二股をかける」ことができないためでした。

(32)　[[x ACT_{*MANNER*}] CAUSE [y BECOME <*CAUSED-RESULT-STATE*>]]

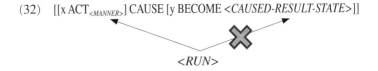

<*RUN*>

　では，(29) (30) でコントロールされる身体に生じる結果状態は，何が表しているのでしょうか。実は，目的語の後に来ている場所を表す前置詞句なのです。でも「コントロールする」を意味する動詞 run の意味表示は (26) でした。[… CAUSE [y BECOME <*CAUSED-RESULT-STATE*>]] の部分はどこから来るのか疑問が

第4章　多くの意味がある動詞ってなんでそうなってるの？　　103

残りますよね。

Rappaport Hovav and Levin（1998）では，他動詞の目的語に対して，前置詞句が付け加えられる場合，事象スキーマの方にもそれを反映した付け加えをしてもいいという仕組みを設定しています。これはかつて「鋳型の増設」（Template Augmentation）と呼ばれていたものですが，この本では近年の理論的修正を反映して，「スキーマの増設」（Schema Augmentation）と呼んでおきます。[9]

(33)　[Schema] Augmentation: Event [schemas] may be freely augmented up to other possible [schemas] in the basic inventory of event [schemas].

（Rappaport Hovav and Levin（1998: 111））[10]

（スキーマの増設：事象スキーマの基本目録にある他の可能なスキーマになるまで，事象スキーマは自由に増設してもよい）

この仕組みはもともと，出水（2018: 31-37）で扱った記述的様態動詞 sweep の Phil swept the floor.（フィルは床を掃いた）に形容詞 clean を追加して，いわゆる学校文法でいう第5文型の形の Phil swept the floor clean.（フィルは床を掃いてきれいにした）にした場合の意味解釈を説明するために提案されたものです。なお，このように他動詞の後に形容詞や前置詞句を追加して，様態動詞が表す行為の結果状態を追加的に述べる第5文型のことを，言語学の専門用

---

[9] この増設の仕組みは，詳しい説明はしませんでしたが，実は出水（2018: 98-99）でも使っていました。今回はこれを下位事象数が増える場合に適用し，もう少しきちんと説明してみます。

[10] ここでも，出水（2018: 102, 106）同様に，event structure template → event schema, template → schema など Rappaport Hovav and Levin（2010）以降の用語の修正を，[　]の部分で反映させてあります。

104

語では「結果構文」（resultative construction）といいます。

さて，「自由に増設してもよい」（may be freely augmented）となってはいますが，まったくでたらめに何でも継ぎ足すことができるということではありません。「事象スキーマの基本目録にある他の可能なスキーマになるまで」という部分が重要で，これは第1章の（8）（9）に挙げてあった4種類の事象スキーマのことを言っています。つまり，ある事象スキーマに何か付け足す場合，付け足されてできあがった事象スキーマが，（8）（9）に載っているもののどれかにならないといけないということなのです。

この仕組みの具体的な適用のされ方を，Rappaport Hovav and Levin（1998）は次のように説明しています。[11]

(34) For example, one potential event structure that could be derived by applying [Schema] Augmentation to [(35a)] is [(35b)]. This event structure is associated with the resultative construction as [*Phil swept the floor clean*], where the head of the resultative phrase identifies the second subevent, […].   (Rappaport Hovav and Levin (1998: 118))
（たとえば，（35a）に対してスキーマ増設を適用することで派生できそうな事象構造となりうるものは（35b）である。この事象構造と関連づけられるのは，Phil swept the floor clean.（フィルは床を掃いてきれいにした）のような結果構文であり，その場合，結果句の主要部［である形容詞 clean］が，二つ目の下位事象［である [BECOME [y <*STATE*>]]］を認定している）

---

[11] （35b）で <*STATE*> となっている部分は，これまでの修正を踏まえれば <*CAUSED-RESULT-STATE*> となりますが，引用なので原文のままにしてあります。

第4章　多くの意味がある動詞ってなんでそうなってるの？　　105

(35) a. 　[x ACT$_{<SWEEP>}$ y]

b. 　[[x ACT$_{<SWEEP>}$ y] CAUSE [BECOME [y $<STATE>$]]]

(Rappaport Hovav and Levin (1998: 119))

この場合，(35a) の意味表示は第1章 (8a) にあった〔x が「… する」動詞〕（行為動詞）の事象スキーマに $<SWEEP>$ という様態語根を関連づけたものです。これに [… CAUSE [y BECOME $<STATE>$]] の部分を足すと，結果的に (35b) の元になる第1章 (9) の〔x が y を「… になるようにする」動詞〕（使役動詞）に相当する事象スキーマに語根を入れた形になります。つまり，意味表示に足し算をする場合は，何でも足せるのではなく，何か別の事象スキーマに語根を入れた形になるような追加だけが認められるということなのです。

　でも実は，条件がもう一つあります。(34) の「結果句の主要部〔である形容詞 clean〕が，二つ目の下位事象〔である [BECOME [y $<STATE>$]]〕を認定している」という部分に注目してみましょう。この場合，結果状態を表している形容詞 clean が追加そのものを認定している（可能にしている）ということです。これはどういうことでしょうか。

　使役動詞の目的語が省略できないことを説明するために，出水 (2018: 137–140) では，次のような下位事象一つにつき項一つという条件があることを説明しました。

(36) 　THE ARGUMENT-PER-SUBEVENT CONDITION:
There must be at least one argument XP in the syntax per subevent in the event structure.

(Levin (2000: 425), Rappaport Hovav and Levin (2001: 779))

（下位事象一つにつき項一つという条件：事象構造内の下位事象一

つにつき，統語レベルで少なくとも一つの項 XP がなければなら

ない）

(出水 (2018: 138))

そこでは「下位事象の数がその意味表示を具現化した文の中になくてはならない名詞句の数と一致する」という言い方をしていました。でも，ここで (36) をよく見ると，「統語レベルで少なくとも一つの項 XP がなければならない」となっていることに気づきます。つまり，下位事象一つにつきなくてはならない句は，名詞句でなくてもよい場合があるのです。具体的には，形容詞句や前置詞句が，この統語レベルの項の数に含められ，下位事象の存在を可能にする（つまり下位事象を「認定する」(identify)）ことがあり，Phil swept the floor clean.（フィルは床を掃いてきれいにした）は形容詞がそのようなはたらきをした例だということなのです。

さて，(29) (30) の例ではいずれも，他動詞 run が解釈的様態動詞（目的動詞）として用いられ，その部分だけを見ると (22)–(25) とほぼ同じ意味です。したがって意味表示は (26) と同じ (37) のようなものになります。

(37)　[x ACT$_{<RUN>}$ y]
　　　〔x が y に対して「〈走らせる様態で〉する」他動詞〕

これに [... CAUSE [y BECOME <*CAUSED-RESULT-STATE*>]] の部分を足すことによって，(35b) と同じような，使役動詞と同じ事象スキーマの ACT 述語に様態語根が付いた形ができます。

(38)　[[x ACT$_{<RUN>}$ y] CAUSE [BECOME [y <*CAUSED-RESULT-STATE*>]]]
　　　〔x が y を「... になるように」y に対して「〈走らせる様態で〉する」他動詞〕

そして，(36) の条件を満たすことでこの追加を可能にし，<*CAUSED-*

第4章　多くの意味がある動詞ってなんでそうなってるの？　　107

RESULT-STATE> の部分の内容を具体的に表しているのが，（29）
（30）で破線下線分によって示した前置詞句だというわけです。

　以上で，動詞 run の主要な用法のいくつかを，事象スキーマに
基づく意味表示による理論によって説明してきました。他動詞用法
の語義，用例，意味表示を，自動詞用法の場合と同じように表で示
すと，次のようになります。

語義	用例	意味表示
対象をコントロールする	(22a) … she *ran* a restaurant …/ (22b) …. who *ran* the hotel with her husband …/ (23a) … the Egyptian company that *ran* the Suez Canal …/ (23b) … A board of four directors … *ran* the prison …/ (24a) … the banker *ran* a meeting well./ (24b) … a former army sergeant who … *ran* his squad on strict army discipline./ (24c) He was the man who *ran* Clinton's election campaign./ (25a) We're *running* an experiment./ (25b) Samantha … *ran* a quick check of her lipstick …/ (25c) "So you *ran* a web search for it?"	[x ACT*_{RUN}* y]〔x が y に対して「〈走らせる様態で〉する」他動詞〕
対象をコントロールしてある場所にある状態に変化さ	(29a) He *ran* his fingers quickly over his chin …/ (29b) … he *ran* his tongue over the roof of his mouth and inside his cheeks./ (29c) … Bree *ran* his eyes over the various customers at the tables./ (30a) Lee *ran* her security card through a scanner./ (30b) Golden *ran* the towel over his face again …/ (30c) Swiftly,	[[x ACT*_{RUN}* y] CAUSE [BECOME [y <*CAUSED-RESULT-STATE*>]]]〔x が y を「…になるように」

| せる | Collins *ran* his pen through this paragraph ... / (30d) ... he *ran* the flashlight beam slowly around the room ... | y に対して「〈走らせる様態で〉する」他動詞〕 |
| ある状態に置かれている | (27a) Anyone ... *runs* the risk of being arrested. / (27b) "I *ran* a temperature ...." | [y <*RUN*> z]〔y が z に対して「〈走っている状態〉である」他動詞〕 |

　以上で見てきたような動詞 run の表面的には異なって見えるさまざまな意味に共通しているのが，次の章で見ていく Ritter and Rosen（1996: 39）が run に関して挙げている「効率よく，あるいは滞りなく進展する」(to progress efficiently or without impediment) というスキーマ的意味なのです。このスキーマ的意味によってまとめられた因果連鎖があり，そのさまざまな部分がプロファイルされることで，動詞 run の多義性が生まれているわけなのです。

　最後に，英語動詞 run の意味フレームとプロファイルを，日本語動詞「走る」に関して示した図 4 と同じように描くと，次のようになります。

第 4 章　多くの意味がある動詞ってなんでそうなってるの？　　109

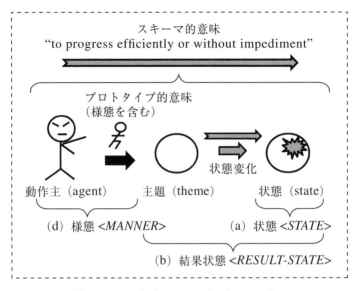

図 5　run の意味フレームとプロファイル

以上で，英語動詞 run の他動詞用法に関して，事象スキーマに基づく意味表示を使った分析を提示してきました。この意味フレーム内に，2 節で見た出水 (2018: 194) の図に含まれている (c) 使役的結果状態 <CAUSED-RESULT-STATE> がないことに注意して下さい。つまり，使役的な意味を他動詞 run が表す場合，あくまでも動詞自体が表すのは (d) 様態 <MANNER> に由来する解釈的様態動詞 (目的動詞) の意味であって，使役的な意味は後に続く前置詞句が認可するスキーマ増設によって生じているのだということです。

4.7. まとめ

以上で，日本語動詞「走る」の多義性を事象スキーマに基づく意

110

味表示を使って分析した後，英語動詞 run に対しても同様の分析
を行いました。いずれの場合も多義性というのは，意味フレームの
一部がプロファイルされ，語根のプロファイルがそれに合う事象ス
キーマへと関連づけられることによって，複数の意味表示ができる
ことから生じているのでした。

　動詞「走る」や run はこんなふうにいろんな意味で使われるので
すが，では似たような移動様態の意味を表す動詞「歩く」や walk
はどうなのでしょうか。ふつう「肩に痛みが歩く」とか walk a
company とは言いませんよね。なぜでしょうか。次章ではこのよ
うな問題を考えていきます。

第5章　動詞の強いやつと弱いやつ！

5.1.　はじめに

　第4章の4.3節，4.4節で日本語動詞「走る」の多義性を取り上げましたが，この章ではまずそれを，同じ日本語の移動様態動詞である「歩く」と比べることから始めましょう。4.4節で取り上げた「走る」の実例を，もう一度見てみます。

(1) a.　柚木はふらつく足を踏みしめて走った。（①）
b.　バスがまだ走っているというのに，美紀は降車口に向かって歩き出した。（②）
c.　…さくらに飽きれば次の女に走るに決まっている。（⑪）
d.　駅のフォームを出たところに，国道が走っている。（⑫）
e.　また頭上で稲妻が走り，天地を震わせた。（⑬）
f.　屈伸運動をすると，腕や太腿や腹筋に痛みが走った。（⑭）

（＝第4章(10)）

この「走る」は，プロトタイプ的意味では移動様態動詞でしたが，それ以外の意味では結果動詞や状態動詞にもなるのでしたね。

111

112

　さて，この「走る」を全部「歩く」で置き換えると次のようになりますが，ほとんどの例がおかしな意味になるのがわかるでしょうか。

(2) a.　柚木はふらつく足を踏みしめて歩いた。(①)
　　b. *バスがまだ歩いているというのに，美紀は降車口に向かって歩き出した。(②)
　　c. *…さくらに飽きれば次の女に歩くに決まっている。(⑪)
　　d. *駅のフォームを出たところに，国道が歩いている。(⑫)
　　e. *また頭上で稲妻が歩き，天地を震わせた。(⑬)
　　f. *屈伸運動をすると，腕や太腿や腹筋に痛みが歩いた。(⑭)

このように，「走る」はいろいろな意味をもつ多義語でしたが，「歩く」はもっと限定された「〔常に，左右いずれかの踵を地に着けた状態で〕足を交互に前へ出して，進む」(『新明解国語辞典』第七版，「歩く」の項) という意味しか，基本的には表すことができません。そして，(1) のうち足を動かすことを含んでいるのは，(1a) のプロトタイプ的意味で使われている「走る」だけです。そのため，プロトタイプ的意味以外の意味，つまり，足の動きを含まない周辺的意味で使われた「走る」を，語彙的に足の動きを指定している「歩く」で置き換えると，容認できない文 (非文) になるのです。

　実は，英語動詞の run と walk の間にも同じような違いが見られ，動詞 run が第4章の4.5節と4.6節で見たように幅広い意味を表すのに対して，動詞 walk は日本語の「歩く」と同じで，基本的に移動様態の意味しか表しません。

　では，このような「走る」と「歩く」，および run と walk の間に見られる多義性に関する違い (つまり，意味拡張が生じて，さまざまな周辺的意味ができるかどうかの違い) は，なぜ生じるのでしょ

うか。この章では，Ritter and Rosen（1996）による動詞の強弱という概念を用いて，この違いを考えていきます。初めに2節で動詞 run と walk の共通点と差異に着目し，そこから意味指定の強弱という概念を導入します。続く3節では，run や walk などふつうの動詞だけでなく，動詞を含むイディオムから助動詞に至るまで，動詞的要素をもつ述語がすべて，意味的な強さによって順序づけられることを見ていきます。4節ではそれを動詞 kill とその類義語である murder, assassinate に適用します。5節と6節ではそれぞれ，kill と assassinate に関するさらに興味深い言語事実を検討します。7節はまとめです。

5.2. 動詞 run と walk

この節では，Ritter and Rosen（1996）が動詞 run と walk について述べていることを見ていく形で，これらの共通点と差異について考えます。まず，これらが移動様態を表す〔x が「… する」自動詞〕だということを見た上で，これらの使われる範囲（多義性）の違いに着目し，それを意味指定の強弱という概念で記述できることを学んでいきます。

5.2.1. 動詞 run と walk の共通点

日本語動詞「走る」と「歩く」の違い，ひいては英語動詞 run と walk の違いを考える場合，まず着目すべきなのは，これらがともに基本的な意味では移動様態動詞だということです。Ritter and Rosen（1996）では，初めに以下の例文を挙げ，run と walk が単独でも，着点を表す前置詞句を伴う形でも，同じように使われることを示しています。

(3) a. Martha ran.（マーサは走った）

b. Fred walked.（フレッドは歩いた）

(4) a. Martha ran to Dodge City.

（マーサはドッジシティまで走って行った）

b. Fred walked to Dodge City.

（マーサはドッジシティまで歩いて行った）

(Ritter and Rosen (1996: 38))

このような移動様態動詞としての用法を，事象スキーマに基づく意味表示を使って表すと，(3) は (5) のようになります。また，(4) の場合，出水 (2018: 142–155) で詳しく説明しているような事象の同一認定によって，移動様態が前置詞句の表す移動と一体化しますので，(6) のような意味表示になります。

(5) a. [x ACT$_{<RUN>}$]　　　　　　　　（出水 (2018: 46)）

〔x が「〈走る様態で〉する」動詞〕

b. [x ACT$_{<WALK>}$]

〔x が「〈歩く様態で〉する」動詞〕

(6) a. [x-y ACT$_{<RUN>}$-BECOME [<*TO*> z̲]]

〔x-y が z̲ に対して「〈走る様態で〉して–〈着いている状態〉になる」動詞〕

b. [x-y ACT$_{<WALK>}$-BECOME [<*TO*> z̲]]

〔x-y が z̲ に対して「〈歩く様態で〉して–〈着いている状態〉になる」動詞〕　　　　　　　（出水 (2018: 145)）

以上のように，確かにこれらの動詞の間には共通点が見られます。しかしながら，冒頭で日本語の動詞「走る」と「歩く」に関して見たのと同じように，英語の動詞 run と walk の間には，表せる意味

の範囲という点で大きな違いがあります。

Ritter and Rosen は (7) のように，動詞 run と walk の数々の共通点を述べた上で，これらの語に多義性に関する違いが見られることを指摘しています。

(7) These two verbs appear to have similar semantic and syntactic properties: Both seem to denote a manner of motion, both typically denote undelimited activities, and both are typically classified as unergative verbs insofar as both typically bear one argument that is realized as an agentive subject. However, when one looks at these two verbs more carefully, one finds that they differ dramatically: *Run* can be used in many contexts where *walk* cannot.

(Ritter and Rosen (1996: 38))

(この二つの動詞は類似した意味・統語特性を有しているように思われる。いずれも移動様態を表すと思われ，いずれも境界化されていない行為を表すのが典型であり，いずれも1項でそれが動作主的主語として具現化されるのが典型だという限りにおいて，非能格動詞に分類されるのが典型である。しかしながら，この二つの動詞をもっと注意深く見れば，劇的に異なることがわかる。run は多くの文脈で用いることができるのに対して，walk はそうではない)

ここで述べられていることのうち，いずれも移動様態を表すことは，出水 (2018) やこの本の読者にとっては，もう自明のことだと思いますが，それ以外についてはやや専門的なので，もう少し詳しく説明しておきます。

まず，「境界化されていない行為」(undelimited activities) とい

116

う用語ですが，これは時間的境界がない行為であるということを意味します。どういうことかと言うと，run したり walk したりといった行為は，(3) のように着点の前置詞句を伴わず単独で用いられた場合，決まった終わりのない行為です（体力や時間の制約があるため，無限に走ったり歩いたりすることなどできないというツッコミは，ここでは言葉そのものの問題とは別なので考えないでおきます）。つまり，どこまで走ったり歩いたりすれば，run や walk によって表される行為が終わるのかが，決まっていないということです。

　次に 1 項ということですが，これは出水（2018: 41–42）で説明しているように，名詞句を一つだけ取る動詞（1 項動詞）ということなので，自動詞だということです。ちなみに 2 項というのは主語と目的語という二つの名詞句を取る他動詞（2 項動詞）だということでした。

　しかも，run や walk が取る一つの項はともに主語によって表されます。そして，項のような意味的要素が，主語や目的語によって表されることを，専門的には，主語や目的語として具現化される (be realized) と言うのです。また，run や walk が取る主語は，[x ACT] の x に相当するので，出水（2018: 127）で言っているように，行為をおこなう人・物・事，つまり動作の主体を指す動作主 (agent) ということになります。

　最後に，run も walk も，行為動詞の意味をもつ自動詞（つまり〔x が「… する」自動詞〕）なのですが，このような動詞は，出水（2018: 160）の注 4 で述べているように，Perlmutter (1978: 161–163), Perlmutter and Postal (1984: 97–99) で非能格動詞 (unergative verbs) と名付けられたものです。したがって，「非能格動詞に分類されるのが典型である」というのは，一番ふつうの（つまりプ

ロトタイプ的な）用法では，〔x が「... する」自動詞〕になるということを言っているのです。

5.2.2. 動詞 run と walk の違い

以上のような run と walk の共通点を指摘した上で，Ritter and Rosen は動詞 run が「多くの文脈で用いることができる」，つまりいろいろな使い方ができて非常に多義的であるのに対して，動詞 walk がそれほど多義的ではないことを，以下の例文で示しています。これは，この章の冒頭にある（1）（2）で日本語の「走る」「歩く」に関して示したのと同じようなことだと気づいた読者もおられるでしょう。

(8) a. Martha ran to the store.   "dash"
    （マーサは店まで走って行った）

    b. Tears ran down the child's face.   "flow"
    （涙がその子どもの顔を流れ落ちた）

    c. Martha ran Fred to the station.   "take"
    （マーサはフレッドを車で駅まで送った）

    d. Martha ran a successful campaign.   "manage"
    （マーサは政治運動をうまく取り仕切った）

    e. Fred knows how to run the fax machine.   "operate"
    （フレッドはファックスの操作方法を知っている）

(9) a. Martha walked to the store.   "go on foot"
    （マーサは店まで歩いて行った）

    b. *Tears walked down the child's face.

    c. Martha walked Fred to the station.

                                 "accompany on foot"

（マーサはフレッドを歩いて駅まで送った）

   d. *Martha walked a successful campaign.

   e. *Fred knows how to walk the fax machine.

(Ritter and Rosen (1996: 39))[1]

つまり，run は「走る」という (8a) の意味以外に，(8b) の「流れる」，(8c) の「車で送る」，(8d) の「取り仕切る」，(8e) の「操作する」といったさまざまな意味を表せるのですが，walk はもっと限定された「一方の足をもう一方の足の前に出して前進する」(to move forward by putting one foot in front of the other) (*LDOCE*[6])という意味を表すのがふつうです。run のように液体が流れることを表す用法や，(8d) (8e) に見られるような他動詞用法は，walk にはないのです。ただし，(9c) のように人を目的語に取って着点を表す前置詞句を続けて，「（歩いて）〈人〉を送って行く」という意味はあります。

　いずれにせよ，run の多くの意味に対応するものが walk には見られないため，run を walk で置き換えると，(9b) (9d) (9e) のように非文になるということです。このように動詞 walk の意味が多様性を欠いた制限されたものとなる理由を，Ritter and Rosen は次のように説明しています。

(10)　The entity that *walks* must have feet and must have suffi-
　　　cient control over its feet to insure that one of them is al-
　　　ways on the ground.　Thus, it is part of the meaning of

---

  [1] 第 4 章ですでに，辞書や小説からこれらの類例を挙げてあるものもあります。具体的に言うと，(8a) は第 4 章の (15a)，(8b) は第 4 章の (20b)，(8d) は第 4 章の (24c) が類例ですし，(8e) は第 4 章の (22)–(24) で挙げたコントロールを表す例の一種です。

the verb *walk* that the entity that walks has volitional control over the action. [...] We contend that the volition in this case comes from the highly specified manner of motion: In order to perform such a specified motion, one must have agentive control over the motion. Thus, the type of manner specification that *walk* has determines that this verb will always select an agent.

(Ritter and Rosen (1996: 39))

(「歩く」ものは足をもっていなければならないし，その足を十分にコントロールして，どちらか一方の足が常に地面に接しているようにしなければならない。したがって，動詞 walk の意味に，その歩くものが行為を意志の力でコントロールすることが含まれている。我々の主張は，この場合に意志のもとになっているのが，指定度の高い移動様態だというものである。そのように指定された移動を遂行するには，移動を動作主としてコントロールしなければならない。したがって，walk が有するような様態指定によって，この動詞が常に動作主を選択することが確定する)

ここで「指定度の高い移動様態」(the highly specified manner of motion) という言い方がされていることに注目してみましょう。つまり簡単に言うと，動詞 walk の意味は，かなり細かいところまで決まってしまっているのだということです。そのため，そのかなり細かいところまで限定された意味でしか使えないのです。

一方，動詞 run は違うと Ritter and Rosen は言っています。

(11)   The meaning of *run* is much less specific. A definition compatible with the wide range of uses of the verb *run* would be something like "to progress efficiently or with-

out impediment." This meaning representation specifies much less detail about the manner in which the running event is executed, or the role any participant will play in the running event. Consequently, *run* is not lexically specified to denote a highly specific motion, and therefore need not take an agent. (Ritter and Rosen (1996: 39))

(run の意味は指定度がそれよりもずっと低い。動詞 run の幅広い用法に合致する定義は「効率よく，あるいは滞りなく進展する」のようなものになるだろう。この意味表示では，run 事象が実行される様態や run 事象で参与者が果たす役割の，詳細についての指定度がずっと低い。結果として run は，指定度の高い移動を表すよう語彙的に指定されているわけではないし，それゆえ動作主を取る必要もない)

ここで着目すべきなのは「指定度がそれ［＝walk］よりもずっと低い」(much less specific) という部分です。動詞 walk の場合とは異なり，動詞 run の意味は，それほど細かいところまで決まっていなくて，漠然とした「効率よく，あるいは滞りなく進展する」(to progress efficiently or without impediment) のようなものでしかないということです。これは実は，第 4 章の (4) で吉村 (2004) が日本語の「走る」に対して示していた《連続して速く動くさま》と同様のものです。

5.2.3. 意味指定の強弱という概念

以上で見てきたように，英語動詞 run や日本語動詞「走る」は，walk や「歩く」と違って，細かいところまで意味が決まっていないのです。そして，意味が細かいところまで決まっていない動詞

は，意味が決まっていないがゆえに，さまざまな状況に当てはめていろいろな使い方ができるのに対して，意味が細かいところまで決まっている動詞は，当てはめられる状況が限られてくるので，使い方も限られてくるということになります。

言い換えると，意味が細かいところまで決まっていない（意味指定の量が<u>少ない</u>（意味指定が弱い））動詞には<u>多く</u>の意味があり，意味が細かいところまで決まっている（意味指定の量が<u>多い</u>（意味指定が強い））動詞は，意味が<u>少ない</u>ということです。これを図示すると次のようになります。

この図を見ればわかるように，意味指定の量と意味の数というのは，一方が増えると他方が減り，一方が減ると他方が増えるという相関関係（いわば「反比例」的な関係）にあります。このような関係を，Ritter and Rosen は「逆説的」（paradoxically）だと形容し，以下のように説明しています。

(12) Paradoxically, the claim that *run* has less lexical semantic restriction than *walk* is consistent with the fact that dictionary entries for *run* are always much longer than those for *walk*. Because dictionaries catalogue the different uses of a verb, verbs that are typically used in a wide range of contexts require a longer entry than restricted use verbs. (Ritter and Rosen (1996: 40))
（逆説的になるが，run が walk よりも語彙的意味の制限が少ない

という主張は，run に対する辞書の記載項目が walk のものよりも，例外なくずっと長いという事実と辻褄が合う。辞書は動詞のさまざまな用法を列挙するので，幅広い文脈で用いられるのが典型である動詞には，用法の制限された動詞よりも長い記載項目が必要となるからだ）

このような事実が実際にどう反映されているのか，『ジーニアス英和辞典』（第5版）で確かめておきましょう。この辞書では，動詞 run の語義を自動詞で26個，他動詞で18個挙げており，意味記述自体もかなり長くなっています。一方，動詞 walk の語義は，自動詞が8個，他動詞が6個となっています。このように，語彙的意味の制限が少ない（弱い）ほど，辞書の記述は多い（長い）ものになり，制限が多い（強い）ほど，辞書の記述は少ない（短い）ものとなるということが，実際に英和辞典の記述にも反映されていることがわかります。[2]

　以上をまとめる形で，Ritter and Rosen は意味指定の強弱と意味の多さ（使われる意味範囲の幅広さ）について，次のように説明しています。

(13) We propose that a verb like *walk* has a highly specified lexical semantic representation, and that this high degree of lexical specification narrows the range of interpretations and syntactic contexts it can be used in. Verbs with

---

[2] 日本語の動詞「走る」と「歩く」に関しても，同様のことが言えます。『明鏡国語辞典』（第二版）では，「走る」の語義数が14個，「歩く」の語義数が5個になっています。したがって，意味指定の度合いで言うと「走る」が弱く，「歩く」が強いということになります。なお，これらはいずれも自動詞しかない点が英語と異なっています。

第 5 章　動詞の強いやつと弱いやつ！　　123

enough lexical semantic content to restrict their syntactic behavior and interpretation we call strong verbs. A verb like *run*, in contrast, is both semantically flexible and appears in numerous syntactic structures. A relatively low degree of semantic specification allows for a wide range of meanings and syntactic contexts. Verbs with less lexically specified semantic content we call weak verbs.

(Ritter and Rosen (1996: 42))

（我々が提案するのは，walk のような動詞が指定度の高い語彙意味表示をもっていて，この語彙的な指定度の高さによって，walk が使用できる解釈や統語文脈の範囲が狭いものになっているということだ。統語的振る舞いや解釈を制限するのに十分な語彙意味内容をもつ［walk のような］動詞を，我々は「強い」動詞と呼ぶ。それとは対照的に，run のような動詞は意味的に柔軟で，数多くの統語構造に現れる。意味指定の度合いが比較的低いために，幅広い意味や統語文脈で用いることが可能となっているのだ。語彙的にあまり指定されていない意味内容をもつ［run のような］動詞を，我々は「弱い」動詞と呼ぶ）

ここで「統語的」（syntactic）という形容詞を使って Ritter and Rosen が言おうとしているのは，簡単に言うと，どんな構文で用いられるのか，つまり自動詞か他動詞か，形容詞や前置詞句を伴うのかどうかといったことです。

　walk に関して述べられている「指定度の高い語彙意味表示」というのは結局，第 4 章で取り上げた意味フレームとそのプロファイルという概念を使って説明し直すと，walk の語根が表す意味フレームが細かいところまで書き込まれているということです。その

ために，記述的様態を表す様態語根としてプロファイルすることしかできないのです。それが行為動詞の事象スキーマに組み込まれ，上の (5b) のような意味表示ができます。同じことを，動詞 walk は意味的な縛りが強いため，プロファイルできる範囲がいろいろなところへ広がることができないというイメージで捉え直すこともできます。

一方，run は「意味指定の度合いが比較的低い」とありますが，これは漠然とした意味指定しかなく，ぼんやりと色んな要素を意味フレーム内に含んでいることになり，それと関連づけられるさまざまな様態や結果状態，状態をプロファイルすることができるということです。それがさまざまな事象スキーマに組み込まれることで，第4章の4.5節，4.6節で見たようにさまざまな意味表示ができるということです。別の捉え方をすれば，動詞 run は意味的な縛りが弱いため，プロファイルできる範囲がさまざまな意味・用法へと広がっているというイメージです。

以上を図示すると次のようになります。

(14)

でも，このような動詞の強弱が当てはまるのは，run や walk といったふつうの動詞だけなのでしょうか。以下では，このような概念がさらに広いさまざまな動詞に当てはまることを見ていきます。

5.3. 動詞の意味指定の強弱と動詞カテゴリー

Ritter and Rosen (1996) は，run や walk などふつうの動詞だけでなく，動詞を含むイディオムから助動詞に至るまで，動詞的要素をもつもの，つまり述語がすべて，意味的な強さを表す数直線のようなものの上に位置づけられるとしています。

(15) Semantic strength is a relative notion; verbs and other predicates can be placed on a strength continuum.

(Ritter and Rosen (1996: 43))

（意味的な強さは相対的な概念であり，動詞などの述語は強さの連続体上に位置づけることができる）

これは次のように図示されています。

(16)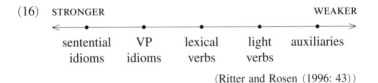

(Ritter and Rosen (1996: 43))

以下ではこの数直線のようなもの（連続体）の下に書かれている要素を順に検討していきましょう。

Ritter and Rosen は一番意味的に強い，つまり意味に関する指定が強いのは文イディオムで，その次に来るのが動詞句イディオムだとしています。

(17) At the strongest extreme we find sentential idioms, which have a single, fixed interpretation and a fixed syntactic structure. Only slightly weaker are VP idioms, with the

interpretation and structure fixed except for the single
open position.   (Ritter and Rosen (1996: 43))

（最も強い極にあるのが文イディオムであり，これは一つだけの固
定した解釈と，固定した統語構造をもつ。それよりも少しだけ弱
い側にあるのが動詞句イディオムであり，解釈と構造が固定して
いるものの，未決定の位置が一つだけある）

文イディオムというのは，主語と動詞句（述語）全体，すなわち一
つの文そのものがイディオムになっているものです。名詞 fat（脂
肪，油）と shit（くそ）が主要な名詞となっている文イディオムを挙
げると，次のようになります。

(18) a. the fat is in the fire
        used in order to say that someone has serious troubles
        or problems, or that a situation is very bad:
        （誰かが深刻なトラブルや問題を抱えていたり，状況がきわめ
        て厳しいことを言うのに用いられる）
        If your father hears of this latest development, Carrie,
        the fat will be in the fire.
        （君の父親がこのところの進捗状況を耳にすればさ，キャリー，
        大変なことになるだろうね）

    b. the shit hits the fan
        spoken used in order to say that a situation suddenly
        becomes very difficult, or that people become angry or
        upset, especially because they have found out about
        something:
        （《話し言葉》状況が突然非常に困難なものになることや，人々
        が（特に何かを知ったために）怒ったり動揺したりすることを

第5章 動詞の強いやつと弱いやつ! 127

言うのに用いられる)

When the evidence about bribe-taking was given in court, the shit hit the fan.

(収賄に関する証拠が法廷で出されたら,とんでもないことになる)

The shit's going to hit the fan when Dad finds out where I was last night.

(昨日私がどこにいたかをパパが知ったら,ものすごくまずいことになるな)

(*Longman Idioms Dictionary*, 用例を一部割愛)

The fat is in the fire. は「(取り返しのつかないことをして)大変なことになる」という意味を表します。[3] また,The shit hits the fan. は,「やばい状況になる」を表す卑語のイディオムです。これらの場合,この1文そのものがイディオムになっていて,一つの文の要素すべてが指定され固定されています。そのため,主語や目的語を入れ替えたり,入れ替えることによって別の意味で使ったりすることができません。したがって,指定されている度合いが最も強いと言えます。

一方,動詞句イディオムというのは,主語と動詞句(述語)からなる文のうち,主語の部分は決まっていなくて,動詞句(述語)の部分だけが固定されているものを言います。先ほどと同じ名詞である fat と shit が主要な名詞となっている動詞句イディオムとしては,以下のようなものがあります。

---

[3] 文字通りには「油が火の中に入った」という意味ですが,『研究社ロングマンイディオム英和辞典』によると,「料理中に油が火の中にこぼれると,燃えあがって料理が駄目になってしまう」ことから,このような意味になったようです。

(19) a. chew the fat

to talk to someone in a relaxed friendly way, especially about personal things, friends, family etc:

（リラックスして親しげに誰かと話をすること，特に個人的な事柄，友人，家族などについて）

This is your local radio station, so just ring in and chew the fat; you don't have to have clever things to say.

（［全国放送ではなく］地元のラジオ放送局だから，［視聴者参加番組に］電話して来て，適当におしゃべりしてくれ。うまいことなんて言わなくていい）

b. be in deep shit

spoken to be in a very difficult situation, or to be in trouble because people are angry with you:

（《話し言葉》非常に困難な状況にあること，あるいは人々がその人に腹を立てているため困ったことになっている）

We're in deep shit—there's no way we can pay back the money we owe.

（俺たちは本当に困っている。借りている金を返す当てがまったくないんだ）

（*Longman Idioms Dictionary*，用例を一部割愛）

chew the fat は「おしゃべりをする」，be in deep shit は「困り果てている」という意味を表します。これらは表す事象の性質上，主語にはふつう人が来ますが，主語に関して語彙的な指定はありませんので，人であれば主語の位置に何が来てもかまいません。そのため，主語の位置に来る名詞句まで決まっている文イディオムほど

第5章　動詞の強いやつと弱いやつ！　129

は，指定されている度合いが高くないと言えます。ただし，ふつう
の動詞のように目的語や補語の位置に何が来てもいいわけではあり
ませんので，指定されている度合いはある程度高いほうだとも言え
ます。

　強さの順で並べたとき，これらに続くのは語彙的動詞，つまりふ
つうの動詞で，その後に来るのが軽動詞だと Ritter and Rosen は
続けています。

(20)　Next we find lexical verbs, including stronger verbs like
　　　walk and weaker verbs like *run*. Lexical verbs vary con-
　　　siderably in strength. Light verbs are weaker still, given
　　　that they are "bleached" of much of their semantic con-
　　　tent and only obtain an interpretation and syntactic prop-
　　　erties from a heavy predicate. (Ritter and Rosen (1996: 43))
　　　（次にあるのが語彙的動詞で，walk のような強めの動詞や，run
　　　のような弱めの動詞などである。語彙的動詞は強度の点でかなり
　　　多様である。軽動詞はさらに弱い。というのも，意味内容の多く
　　　を「漂白」され，一つの解釈と複数の統語特性を重い述語から取得
　　　しているだけだからである）

ここでいきなり軽動詞という用語が出て来ましたので，まずこれに
ついて説明します。

　まず，次の対になっている，ほぼ同じ意味を表す文を見てみま
しょう。

(21) a.　Jennifer dashed across the road.
　　 b.　Jennifer made a dash across the road.
　　　　（ジェニファーは勢いよく走って道路を渡った）

130

(22) a. Bill coughed.

b. Bill gave a cough.

（ビルは咳をした）

(23) a. Sue looked at the book.

b. Sue had／took a look at the book.

（スーはその本を見た）

(24) a. Peter danced on top of the piano.

b. Peter did a dance on top of the piano.

（ピーターはピアノの上で踊った）　　　　　(Cattell (1984: 1))

これらの文のうち，(a) の動詞，つまり (21a) の dash，(22a) の cough，(23a) の look，(24a) の dance は，いずれも Ritter and Rosen の言う語彙的動詞に相当します。具体的な動作を表している，いわゆるふつうの動詞です。一方，(b) の動詞，つまり (21b) の make，(22b) の give，(23b) の have か look，および (24b) の do は，「... する」ということだけを表しており，具体的な動作の内容を表していません。このような場合，意味的な中身がなく，いわば「軽い」ので軽動詞（light verb）と呼ばれるのです（ちなみに，この用語を作ったのは，デンマークの英語学者オットー・イェスペルセンです）。

　軽動詞の重要な文献である Cattell (1984) では，(21)–(24) の語彙的動詞 (a) と軽動詞 (b) の違いを，次のように説明しています。

(25)　There may be subtle differences in emphasis—there almost certainly are—but the pairs are very close to each other in meaning. Each of the periphrastic phrases in the (b) examples seems to perform a very similar role to that of the single verb in the (a) examples. Furthermore, a

第 5 章 動詞の強いやつと弱いやつ！　　131

great deal of the semantic content that is carried by the verbs in the (a) examples seems to be carried by the predicational nouns in the (b) examples, so that the words *make, give, have, take*, and *do* seem semantically very 'light' (to use a term coined by Jespersen), and to mean very little more than that a verbal action occurred. This action is spelt out in the nominal that follows.

(Cattell (1984: 1-2))

（強調に関して微妙な違いはあるかもしれない（というよりほぼ確実にある）が，対になった文はお互い，意味的には非常に近い。(b) の例における迂言的な句［＝made a dash などの動詞＋目的語名詞の組み合わせ］がそれぞれ果たしているように思われるのは，(a) の例に見られる単一の動詞［＝dashed など］と非常に似た役割である。さらに，(a) の例で動詞が担っている多くの意味内容を，(b) の例では述語名詞が担っているように思われる。そのため，make, give, have, take, do といった語は，（イェスペルセンの作った用語で言うと）意味的に非常に「軽い」(light) ものに思われるし，言葉の表す行為が生じたことくらいしか意味していないようだ。この行為を明確に説明しているのは，後に続く名詞句である）

ここで使われている「迂言的な」(periphrastic) という言語学の専門用語は，一つの語で表せる意味を，それと同じ意味をもつ複数の語を使って表すという意味です（直球的に言っているのではなく，迂回的に言っているのだと捉えればわかりやすいでしょう）。具体的に言うと，(21a) で dash という一語の動詞で表すことができる意味内容を，(21b) では make a dash という複数の語（動詞とそ

の目的語の名詞句）によって表しているので，迂言的であると言っています。この (21b) の make a dash のような構文を，軽動詞構文 (light verb construction) と呼びますが，(21b) の場合，軽動詞である make 自体は「… する」の意味しか表していなくて，具体的な動作の内容は，a dash が表しています。

　これを踏まえてもう一度 (20) を見てみましょう。(20) にあった「意味内容の多くを『漂白』され」という言い方は，迂言的な言い方をした結果，実質的な意味内容が目的語の名詞句に移り，動詞に残された意味内容がきわめて「薄い」（ここでは「軽い」と同様の意味です）ものとなっていることを，比喩的に言っているのです。また，「一つの解釈と複数の統語特性を重い述語から取得しているだけ」というのは，「… する」という解釈と，取れる文の形（多くの軽動詞は一つの目的語を取る他動詞構文だけですが，give の場合は二重目的語構文（学校文法で言う SVOO の第 4 文型）もあります）を，それぞれの動詞がもつ，ふつうの動詞としての用法から引き継いでいるに過ぎないということを言っています。

　以上で見たような軽動詞は，具体的な意味内容をもっていないがゆえに，意味が指定されている度合いは dash などの語彙的動詞よりも低いと言えます。

　なお，実は第 4 章で取り上げた動詞 run の用法の中にも，軽動詞に近いものが含まれていたのに気付かれた方もおられるかもしれません。該当するのは第 4 章の (25) で見た「行う」「する」と訳されていた動詞 run の用法です。

(26) a.　We're *running* (= doing) an experiment.　　　(*CALD*[4])
　　　　（我々はある実験を行っている）

第5章　動詞の強いやつと弱いやつ！　　133

b. Samantha […] *ran* a quick check of her lipstick in the rearview mirror.　(Laura Childs, *Death by Darjeeling*: 157)

（サマンサは口紅の具合をバックミラーですばやくチェック<u>した</u>）

c. "So you *ran* a web search for it?"

(Dan Brown, *Angels and Demons*: 30)

（「それで，ウェブ検索を<u>した</u>んですね」）

この場合も，動詞 run は行為が生じたことくらいしか言っていなくて，具体的な内容は目的語の名詞句（(26a) だと an experiment, (26b) だと a quick check, (26c) だと a web search）が表しています。しかも，いずれの例も第4章で取り上げたところで書いているように，典型的な軽動詞の do で run を置き換えることができます。[4]

　最後に，意味的な強さの連続体で，一番弱いところに位置づけられているのは助動詞です。これは，後にどんな動詞を置くこともできますので，意味的な指定，つまり制約が，最も弱いと言えます。

(27) Finally, we find auxiliary verbs at the weakest extreme; auxiliaries contain no thematic content and appear in the widest variety of syntactic contexts possible.

(Ritter and Rosen (1996: 43))

（最後に，最も弱い極にあるのが助動詞である。助動詞は主題的内容を含まず，考えうる最も幅広い統語文脈で現れるからだ）

---

[4] 英語で軽動詞の例としてよく挙げられるのは，make, do, take, have, give, get の6語ですが，ここの run の用法はこれらと意味的には近いです。ただし，よく挙げられる軽動詞ほどいろいろな名詞句を目的語に取れるわけではないので，run は周辺的な軽動詞ということになります。

ここで言われている「主題的内容」(thematic content) というのは，動詞がどのような意味役割の主語や目的語を取るのかということを表す専門用語です。つまり，助動詞の場合，後にどんな動詞でも来ますので，主語や目的語がどのような意味役割（動作主，主題，着点など）を取るのかに関する指定が，助動詞自体にはないということを言っているのです。

　以上で，さまざまな種類の動詞，つまり動詞のカテゴリーに，意味指定の強弱という概念を当てはめることができるのを見てきました。[5] でも 2 節で見た動詞 run と walk はどちらも語彙的動詞でした。つまり，語彙的動詞同士の間にも，意味指定の強弱は見られるということです。以下では，語彙的動詞の間に見られる強弱の差をさらに追究していきます。

5.4. 動詞 kill とその類義語

　これまで見てきたことをまとめるような形で，Ritter and Rosen (1996) は次のように述べています。

(28) The stronger the verb, the more it constrains the syntactic frame and semantic interpretation. The strength continuum is more fine-grained than is represented in [(16)]. Even within the set of lexical verbs, there are differences

---

[5] 複数の語彙的動詞を比較する場合，意味指定の弱さがそのまま多義性へとつながると言えるのですが，軽動詞と語彙的動詞を比較する場合，同様の議論が成り立ちません。軽動詞よりも強いはずの語彙的動詞のほうが多義的だからです。したがって Ritter and Rosen の多義性に基づく主張は，大きな問題があると言えます。この問題を私に気づかせてくれたのは神戸市外国語大学大学院生の萩澤大輝さんによるコメントです。記して感謝いたします。

in semantic strength. In light of the discussion of *run* and *walk* above, we hypothesize that *run* is weaker than *walk*. (Ritter and Rosen (1996: 43))

(動詞が強ければ強いほど,その統語フレームや意味解釈は制約されたものとなる。強さの連続体は (16) の表示よりもさらにきめ細かいものである。一連の語彙的動詞の中でも,意味的な強さには違いが見られる。上で見た run と walk についての議論を踏まえ,我々は run は walk よりも弱いと仮定する)

つまり,広い意味での動詞全体を見れば (16) のようになっているのですが,そのうちの語彙的動詞の部分に,さらに (14) のような強弱が存在するということです。これをまとめて図示すると,次のようになります。

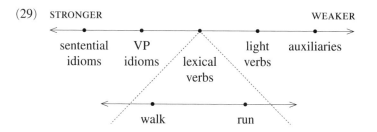

さて,同様の分析が動詞 kill, murder, assassinate にも適用できることを Ritter and Rosen が述べているので,それを見ていきましょう。

(30) To mention another example, comparing the verbs *kill, murder*, and *assassinate*, we would classify *kill* as the weakest of the three verbs and *assassinate* as the strongest. (Ritter and Rosen (1996: 43))

(他の例を挙げると，動詞 kill, murder, assassinate を比較した場合，kill が三つの動詞のうちで最も弱く，assassinate が最も強いものだと分類することになるだろう)

これを同様に図示すると，以下のようになります。

(31)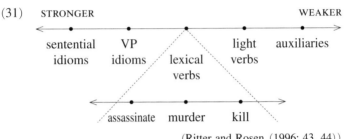

(Ritter and Rosen (1996: 43, 44))

ここでもう一度，動詞 kill, murder, assassinate の違いについて，これまで学んできたことを当てはめて説明すると次のようになります。

(32) a. 動詞 kill は一番意味指定の弱い動詞であり，幅広い意味をもち，いろいろな文脈で使える。
 b. 動詞 murder は，それよりは意味指定が強く，kill ほど広い使い方はできない。
 c. 動詞 assassinate は一番意味指定が強く，表せる状況がきわめて限られている。

このことの現れとして，目的語や主語になれるものの範囲が異なることを，Ritter and Rosen は (33) の例文を挙げて示し，(34) のように説明しています。[6]

---

[6] このように動詞の主語や目的語にどういう内容の語が来るかに関する制限の

第5章　動詞の強いやつと弱いやつ！　　137

(33) a.　Somebody killed / murdered / assassinated the senator.
　　　　（誰かが上院議員を殺した／殺害した／暗殺した）

　　b.　Somebody killed / murdered / *assassinated our neighbours.
　　　　（誰かが近所の人たちを殺した／殺害した／*暗殺した）

　　c.　Somebody killed / *murdered / *assassinated the squirrel.
　　　　（誰かがリスを殺した／*殺害した／*暗殺した）

　　d.　The shock killed / *murdered / *assassinated the senator.
　　　　（ショックが上院議員を殺した／*殺害した／*暗殺した）

(Ritter and Rosen (1996: 46))

(34)　The examples in [(33)] show that both *murder* and *assassinate* require a human subject and a human object, and that, in addition, *assassinate* requires a famous / political personality.　(Ritter and Rosen (1996: 46))

（(33) の例からわかるように，murder と assassinate は両方とも，人間の主語と人間の目的語を必要とする。それに加えて，assassinate は有名人／政治的人物を［目的語として］必要とする）

　以上からわかるように，動詞 murder と assassinate は，主語と目的語が必ず人であり，assassinate の場合さらに，目的語の人が重要人物であるという指定が加わるのです。一方，動詞 kill の場合，主語が無生物のこともあるし，目的語も生物であれば人に限らないということが，用例とその説明から読み取れます。これらから，まさに意味的指定が kill, murder, assassinate の順に強くなっているということがわかります。

　では，動詞 kill の目的語に関する言語事実を示す，さらに別の

───────────

ことを，選択制限（selectional restriction）と呼ぶことは，出水（2018: 170）の注6でもっと詳しく説明しています。

例を見てみましょう。

(35) He'd never killed anybody in his life; come to think of it, he hadn't knowingly *killed* anything at all. He didn't like stepping on insects.

(Jeffry Archer, Shall We Tell the President?: 89)

（彼は生まれてこの方，人を殺したことなど一度もなかった。考えてみると，何であれ，知っていてわざと殺したことなどなかった。虫を踏んでしまうのすら嫌だったのだ）

この例では anything が人以外の生物も含んでいると解釈されます。つまり，目的語は人ではない生き物であってもよいのです。

5.5.　弱い動詞 kill の多義性

　さらに，動詞 kill が意味指定の弱い動詞であることを示す証拠があります。Ritter and Rosen ではほとんど例が挙げられていませんが，「生命がある状態をない状態に変化させる」を比喩的に拡張して，「何かがある状態をない状態に変化させる」ことを表す用法が動詞 kill にはあります。このような場合，目的語にいろいろな物や事が来ます。まず，以下の例を見てみましょう。

(36) a.　He turned the Olds into the seaside motel's parking lot, *killed* his headlights, and skirted the perimeter of the lot […].　(John Lutz, *Kiss*: 89)

（彼はオールズ［というブランドの車］を海辺にあるモーテルの駐車場に入れると，ヘッドライトを消して，駐車場の外周に沿って進んだ）

第 5 章　動詞の強いやつと弱いやつ！　139

  b. Approaching the end of Broadway in Pacific Heights, Roy DiGenovese pulled his car into the driveway and *killed* the engine.

             (Christopher Reich, *The First Billion*: 387)

  （パシフィック・ハイツでブロードウェイの突き当たりに近づいたロイ・ディジェノヴェーゼは，車を私設車道に入れて止めるとエンジンを切った）

これらの例では，ヘッドライトがついているため光がある状態や，エンジンがかかっていて動力がある状態を，そうしたものがない状態に変化させるという意味です。

 「ある状態をない状態に変化させる」のは，物理的なものでなくてもかまいません。たとえば，時間つぶしをすると，持て余している時間が「ある状態をない状態に変化させる」ことになりますが，このような意味を表す用法も動詞 kill にはあります。

(37) a. He bought himself a fat-free yogurt and *killed* time strolling along the upper concourse […].

            (John Grisham, *Skipping Christmas*: 55)

  （彼は脂肪分ゼロのヨーグルトを買うと，上のフロアのコンコースをぶらぶら歩いて時間をつぶした）

  b. We *killed* a few hours watching videos.

          (https://www.macmillandictionary.com/)

  （私たちはビデオを見て何時間かつぶした）

このような場合，(37a) のように time（時間）そのものを目的語に取ることもあれば，(37b) のように a few hours（数時間）という時間の単位を目的語に取ることもあります。こうした場合，時間つぶ

140

しに何をしたのかを表す doing 句を後続させることができます。

さらに,「ある状態をない状態に変化させる」ということを,ある事をそういう事として機能している状態から機能していない状態に変えるという意味合いで解釈することで,その事を「なきものにする」という意味を表すこともできます。次例を参照してください。

(38) a. Vinnie stepped on one of Toby's laugh lines and from that moment on, Toby gave him wrong cues, *killed* his jokes and humiliated him in front of forty million people.　　　(Sidney Sheldon, *A Stranger in the Mirror*: 185)

(ヴィニーがトビーのウケ狙いをじゃますると,その瞬間から,トビーは彼に不適当な合図をし,彼のジョークを台なしにして,4千万人の目の前で彼に恥をかかせた)

b. Nora had seldom seen him so determined.　He methodically *killed* all her arguments, one by one, until nothing was left but their charitable giving.

(John Grisham, *Skipping Christmas*: 20)

(それほど決心を堅くしている彼をノラが見たことはこれまでほとんどなかった。彼がノラの主張をすべて,順立てて一つ一つ葬り去ると,最後に残ったのは慈善事業への寄付のことだけだった)

(38a) ではわざと間の悪い振り方をして,ジョークがジョークとして機能しないような状況を作り出したことが描写されています。一方,(38b) では主張が主張として機能しないように論駁したことを,kill したと表現しているのです。

以上のように,人や生物を「殺す」という意味以外に,さまざま

な意味で使われるのは，動詞 kill が意味指定の弱い動詞であることを示しています。

5.6. 強い動詞 assassinate の目的語

以上で見たことから，動詞 kill が意味指定の弱い動詞であることが，一層はっきりしたことと思います。では今度は，意味指定の最も強い動詞 assassinate について少し考えてみましょう。Ritter and Rosen は (34) で見たように，「assassinate は有名人／政治的人物を目的語として必要とする」（assassinate requires a famous/political personality）と言っています。そのため，典型的な用法は次のようなものになります。

(39) a. If he knew the answer, he would know which four men were innocent and which man was so desperate that he would plot to *assassinate* the President.

> (Jeffrey Archer, *Shall we Tell the President?*: 229)
>
> （その答えを彼が知っていれば，男のうちどの四人が関与していなくて，どいつが大統領を暗殺しようと計画するほど自暴自棄になっているかも知ることができるだろうに）

b. "We have a lead on catching the man *assassinating* cardinals."　(Dan Brown, *Angels and Demons*: 354)

> （枢機卿たちを暗殺している男を捕まえる手がかりはあります）

c. He had proof that he had been an enemy of Hitler, and was one of the leaders in Count von Stauffenberg's attempt to *assassinate* Hitler in 1944.

> (Irving Wallace, *The Seventh Secret*: 226–227)

（彼のもっていた証拠によると，彼はずっとヒトラーの敵であり，1944 年のフォン・シュタウフェンベルク伯爵によるヒトラーを暗殺しようとする計画の指導者の一人です）

（39a）では大統領が目的語になっていますが，大統領やそれを表す固有名詞が目的語となるのは，動詞 assassinate の典型的用法です。ただし，（39b）のように宗教的な重要性をもつ人物や，（39c）のアドルフ・ヒトラーのように歴史的な重要性をもつ人物の場合も，assassinate の対象となります。

　この辺りのところまでは，一般に言われているところですが，実は興味深いことに，動詞 assassinate の目的語が，必ずしも政治的・宗教的な重要人物（いわゆる大物）ではないことがあるのです。以下の実例をよく読んで考えてみましょう。

(40) a. 'Riemeck was under suspicion. His mistress had betrayed him by boastful indiscretion. Mundt gave the order that he be shot on sight, got word to Riemeck to run, and the danger of betrayal was eliminated. Later, Mundt *assassinated* the woman.'

　　　　(John le Carré, *The Spy Who Came in from the Cold*: 202)
（「リーメックには疑いがかかっていました。彼の情婦が彼を裏切って，自慢げに彼の秘密を漏らしてしまったのです。ムントはリーメックを見かけたら直ちに射殺するよう命令しておきながら，彼に逃走するよう伝えました。それで機密漏洩の危険は取り除かれたのです。その後，ムントはその女を暗殺しました」）

  b. "More than that. Hardened Nazis, yes, but all of them murderers, trained to kill."

　　　"To kill whom, Emily?"

第5章　動詞の強いやつと弱いやつ！　143

　　"To assassinate anyone above ground who might threaten them. She spoke of the necessity to liquidate —her word—anti-Nazis, prominent Jews, Nazi hunters, and dangerous foreigners like my father."

(Irving Wallace, *The Seventh Secret*: 244-245)

（「それ以上よ。筋金入りのナチだわ，そう，でも彼らは全員殺人者で人を殺す訓練を受けているの」

「誰を殺すというんだい，エミリー」

「自分たちにとって脅威になるかもしれない地上にいる人なら誰でも暗殺するのよ。彼女は消す必要について話していたわ，消すっていうのは彼女自身の言葉だけど。反ナチの人々，有力なユダヤ人，ナチを追う人々，父のように危険な外国人を消すってこと」）

　これらの例では，状況によって，政治的な重要性が本来それをもたない人物へと付与されています。

　（40a）のリーメックやムントというのは，いわゆるスパイです。スパイは政治的な謀略においてある種の重要性をもっていますから，assassinate の対象になってもおかしくはないのですが，リーメックというスパイの情婦（愛人）は，本来重要人物ではありません。しかしながら，リーメックから漏洩すべきではない機密をあれこれ聞かされたことにより，機密保持という点に関して，彼女もリーメックと同じだけの重要性をもつようになってしまったのです。そのため，assassinate の対象として描かれているのだと考えられます。

　また，（40b）はナチスの残党がベルリンの地下に基地を作って，そこで活動しているという設定の小説からの用例です。ここで，

144

「自分たちにとって脅威になるかもしれない地上にいる人なら誰でも」(anyone above ground who might threaten them) というのは，自分たちの活動にとって脅威になりうる人物すべてを指しますが，本来そういった人々は一般人であって，政治的な重要性を有しているわけではありません。しかしながら，彼らの脅威になることによって，彼らのナチスを復活させるという政治活動にとって，そういった人々でも何らかの重要性を帯びてくるのだと考えられます。

　以上のように，作家がこれらの例で assassinate という語を用いたのは，そういった書き手の主観性による重要性の転移のような現象の結果だと考えられます。この種の現象を，語の意味指定とどう関連づけて論じるのかは今後の課題だと思われますが，それだけ assassinate の意味指定が詳細で複雑なものであることを示す言語事実の一端だと考えられるので，ここで取り上げてみました。

5.7. まとめ

　この章では，動詞の意味がどの程度まで決まっているのか（動詞の意味指定の強さ）によって，動詞がどの程度多義的になるのかが決まってくるという話をしました。動詞の意味指定が強ければ強いほど，それだけ用法が固定されますので，その動詞を使える範囲は狭くなり，結果として意味の数が少なくなります。逆に，動詞の意味指定が弱ければ弱いほど，用法の自由度が増してその動詞を使える範囲が広くなり，結果として意味の数が多くなります。それが辞書の記述量にも反映されることは，この章の（12）とその下の説明で確認しました。

　この動詞の意味指定の強弱という概念は，英語や日本語の類義語を対照して分析する際に，重要な切り口の一つとなります。類義関

係にある多くの動詞には，一方（ふつうは基本的な方の語です）が他方より弱く，使われる意味の数が多くなるという傾向が見られます。逆に言うと，この強弱という切り口を入れることで，どちらの動詞がよく使われる基本的な語なのかということを，明確に示すことができます。このような分析上の有用性がありますので，この章ではそれをなるべくわかりやすく紹介してみました。

第6章　他動詞らしさって何かあるの？

6.1.　はじめに

　この本では，出水（2018）で導入した動詞の7種類の分類（他動詞4種類と自動詞3種類）を第1章で振り返った上で，第2章と第3章で動詞の分類をさらに精密なものにしました。そこで見てきたように，主語と目的語を取るという同じ文法的な形（統語形式）をしていても，〔x が y を「… になるようにする」他動詞〕（使役動詞），〔y が z に対して「… になる」他動詞〕（到達動詞），〔x が y に対して「… する」他動詞〕（行為動詞），〔y が z に対して「… （である）」他動詞〕（状態動詞）という4種類の他動詞がありました。これらのうちで，最も他動詞らしい他動詞ってあるのでしょうか。

　第1章の（13）の表を見直すとわかることですが，使役動詞以外の動詞には，〔y が「… になる」自動詞〕（到達動詞），〔x が「… する」自動詞〕（行為動詞），〔y が「… （である）」自動詞〕（状態動詞）という自動詞が存在するのですが，使役動詞だけは他動詞しかありません。これは，出水（2018: 101-106）にあるように，使役動詞の事象スキーマは複合事象スキーマであるため二つの下位事象を含

147

んでおり，出水（2018: 137–140）に書いてあるような，下位事象一つにつき項一つという条件によって，二つの下位事象それぞれに対応する二つの名詞句（主語と目的語）が必要となり，そのためどうしても他動詞になるからです。

　ということは，この使役動詞の事象スキーマが表すような意味というのが，他動詞としてしか表現できない，いかにも他動詞らしい意味ではないのかという予測ができるのですが，実はその通りなのです。この章では，他動性（transitivity）（平たく言えば，他動詞らしさということです）とは何かを，古典的な Hopper and Thompson（1980），それを発展させた「中核的他動詞」（core transitive verb）という概念を提示した Levin（1999）を見ながら考えていきます。

　初めの 2 節では，Hopper and Thompson（1980）の提唱した他動性（transitivity）という概念を紹介します。続く 3 節では，Levin（1999）の言う中核的他動詞が使役動詞であることを見ていきます。さらに 4 節では，行為動詞，到達動詞，状態動詞が他動詞で用いられた場合，それらは中核的他動詞にはならないことを学びます。その後 5 節では，使役事象の取る目的語の中に，被動目的語と呼ばれるふつうのもの以外に，達成目的語と呼ばれる特殊なものがあることを見ます。6 節では中核的他動詞でない動詞，つまり非中核的他動詞は，中核的他動詞の特徴をもたないものだと定義するしかないほど雑多なものであることを確認します。最後の 7 節では，2 節で見た被影響度をどのように確かめることができるのかを見ます。8 節はまとめです。

6.2. Hopper and Thompson (1980) の他動性

　他動性（transitivity）（つまり他動詞らしさ）を定義した古典的で有名な論文に Hopper and Thompson (1980) があります。この論文の1ページ目では，他動性という概念が次のように定義されています。

(1) Transitivity is traditionally understood as a global property of an entire clause, such that an activity is 'carried-over' or 'transferred' from an agent to a patient. Transitivity in the traditional view thus necessarily involves at least two participants […], and an action which is typically effective in some way.

(Hopper and Thompson (1980: 251))

（他動性は伝統的に節全体の包括的な特性として理解されており，ある行為が動作主から被動者（被動作主）へと「及ぼされる」あるいは「転移される」といったようなものである。したがって，伝統的な見方による他動性に必ず含まれるのが最低二つの参与者とある種の活動であり，活動は何らかの意味で「影響を生じる」のが典型である）

冒頭の「節全体」というのは，動詞だけとか動詞句（動詞と目的語）だけとかではなく，主語と動詞句からなる一つの節（従属節を伴わない一つの文）という単位のことです。

　さて，動作主（簡単に言うと「やる側」）と被動者（被動作主，「やられる側」）という二つの参与者がある場合，動作主から被動者へと行為が「及ぼされ」た結果，被動者に何らかの「影響が生じる」，つまり変化が起こるというのが，典型的な他動詞が表す意味であ

り，他動詞らしさだということなのです。そして，その典型的な意味から外れると（たとえば，影響を与えなかったり，行為が及ばなかったり，あるいはそもそも参与者が二つではなく一つだったりすると），他動性が低下する，すなわち他動詞らしくなくなるということです。このような他動性に関わるさまざまな要素を，Hopper and Thompson は以下に示すように 10 個挙げています。

			HIGH（高い）	LOW（低い）
(2)	A.	PARTICIPANTS（参与者数）	2 or more participants, A and O.（動作主・被動者を含む複数の参与者）	1 participant（1 参与者）
	B.	KINESIS（動性）	action（行為）	non-action（非行為）
	C.	ASPECT（相）	telic（完結的）	atelic（非完結的）
	D.	PUNCTUALITY（瞬時性）	punctual（瞬時的）	non-punctual（非瞬時的）
	E.	VOLITIONALITY（有意志性）	volitional（意志的）	non-volitional（非意志的）
	F.	AFFIRMATION（肯定性）	affirmative（肯定的）	negative（否定的）
	G.	MODE（法）	realis（現実的）	irrealis（非現実的）
	H.	AGENCY（動作主性）	A high in potency（動作主の影響力が高い）	A low in potency（動作主の影響力が低い）

I.	AFFECTEDNESS OF O	O totally affected	O not affected
	（被動者の被影響度）	（被動者が全面的に影響される）	（被動者が影響されない）
J.	INDIVIDUATION OF O	O highly individuated	O non-individuated
	（被動者の個体性）	（被動者の高い個体性）	（被動者の低い個体性）

(Hopper and Thompson（1980: 252））

そして，この 10 個の要素のうち high のほうに相当する特徴をたくさんもてばもつほど，その節は他動詞らしくなるということです。なお，この high や low で挙げられている特徴のことを言語学では専門用語で「素性」（feature）と呼びます。

(3) Taken together, they allow clauses to be characterized as MORE or LESS Transitive: the more features a clause has in the 'high' column in [(2)] A-J, the more Transitive it is —the closer it is to CARDINAL Transitivity.

(Hopper and Thompson（1980: 253））

（つまり，これら［A-J に挙げた他動性の 10 個の構成要素］があれば，節の他動性を［有無のような二値的なものではなく］「段階のあるものとして」特徴付けることが可能となる。ある節が A-J の「高い」段の素性を多くもてばもつほど，その節はそれだけ他動的だということになり，基本的な他動性に近づく）

このことを示すために，Hopper and Thompson は次のような例を挙げています。

(4) a. Jerry likes beer.

（ジェリーはビールが好きだ）

b. Jerry knocked Sam down.

（ジェリーはサムを殴り倒した）

(Hopper and Thompson (1980: 253))

これらの例は，(2) の B. から D., および J. に関して違いがある
ため，(4a) よりも (4b) のほうがずっと他動的だと Hopper and
Thompson (1980: 253) は述べています。それぞれの素性について
詳しく見ていきましょう。

　(2) の上から順に見ていきます。B. は，その事象が行為（動作）
であるほうが，非行為（状態）よりも他動的だということです。
(4a) は状態動詞 like を含む文なので，非行為を表すのに対して，
(4b) は knock という使役動詞（動作動詞で結果動詞）を含むので，
行為を表します。したがって，非行為を表す (4a) よりも，行為を
表す (4b) のほうが他動的になります。

　次の C.「相」(aspect) は，動詞句がもつ時間的性質のことです。
「完結的」(telic) というのは動詞句の表す事象に決まった終わり
（つまり，そこまでやればその事象が終わったと言えるような特徴
的な部分）があることを言います。「非完結的」(atelic) という場
合，それとは逆に，決まった終わりがない事象のことをいいます。
(4a) の like は状態を表しますが，状態というのは，出水 (2018:
80) でも述べたように，同じ状況が過去から現在を経て未来まで続
いていくことを表しますので，決まった終わりがなく，そのため
「非完結的」だと言えます。一方，(4b) の knock ... down（殴り倒
す）は，殴られた相手が「倒れている」という結果状態になった時
点で事象が終結し，倒れてしまった相手をそれ以上殴り倒すことは
できません。つまり，結果状態＝決まった終わりであるため，「完

結的」なのです。したがって，「非完結的」な (4a) よりも，「完結的」な (4b) のほうが他動的なのです。

さらに，D. の瞬時性というのは，事象が瞬間的かそうでないかということです。(4a) の like が表す状態は続いていくので，時間的には継続的，つまり非瞬時的です。それに対して，(4b) の knock … down は瞬間的な動作なので，瞬時的です。やはり，非瞬時的な (4a) よりも，瞬時的な (4b) のほうが他動的だということになります。

最後に，J. にある目的語の個体性について考えましょう。これは Hopper and Thompson (1980: 253) によると，被動者（被動作主）が動作主や背景 (background) からどれだけくっきりと区別されるかということです。(4b) の被動者（被動作主）である Sam というのは固有名詞 (proper noun) であり，人間 (human) であり，なおかつ 1 人として数えることのできる存在です。そのため，動作主である Jerry や，この場面の背景となる状況から，なんだか個として切り離されているような感じがしませんか。少し理解するのが難しいかもしれませんが，これは (4a) の被動者（被動作主）である beer（ビール）と比べるとはっきりします。beer は普通名詞 (common noun) であり，無生物 (inanimate) であり，さらに液体なので数えられない名詞です。そのため beer は Sam ほどは存在感がはっきりしない（つまり，影が薄い感じがする）ということです。個体性というのは，要するに個として際立っている度合いなのです。この場合も，(4a) の beer より (4b) の Sam のほうが個体性が高いので，(4b) のほうが他動的だということになります。

Hopper and Thompson (1980) が明らかにしたように，他動性というのは一つの要素によって決まるのではなく，さまざまな要素が影響し合って決まる部分があります。そして，英語には，このよ

うな意味での他動性が高い特別な一群の動詞があり，実はそれが自動詞用法をもたない（つまりどうしても他動詞になる）（語彙的）使役動詞だということなのです。以下ではそれについて見ていきましょう。

6.3. Levin（1999）の中核的他動詞＝使役動詞

「目的語性──事象構造からの視点──」（Objecthood: An Event Structure Perspective）と題された Levin（1999）は，さまざまな他動詞の目的語に着目し，目的語が表している意味が被動者（被動作主）（patient）という一つの意味役割に収まるほど単純なものではないことを，事象スキーマとそれに基づく意味表示の点から議論しています。その中で，Hopper and Thompson（1980）の言う意味での他動性が高い一群の動詞が特別なものであることを，次のように述べています。

(5) Many discussions of transitivity recognize a core—and perhaps for that reason privileged—subset of transitive verbs. These verbs have a clear semantic characterization, fitting the 'agent act on and cause an effect on patient' mold that is behind the name 'transitive'. Members of this set in English include *cut, destroy, kill,* and transitive *break* and *open*. I call these verbs, which are defined by a conjunction of syntactic and semantic properties, 'core transitive verbs' (CTVs); […] Given this definition, CTVs are verbs that qualify as 'highly' transitive in Hopper & Thompson's 1980 sense, […].   (Levin (1999: 223–224))

（他動性に関する多くの議論によって認識されているのが，中核的な（おそらくそうした理由で特別扱いされるであろう）一部の他動詞である。これらの動詞に見られる明確な意味的特徴付けは，「動作主が被動者（被動作主）にはたらきかけ，影響を及ぼす」という型に適合するものであり，この型こそが「他動詞的（推移的）」という名称を動機付けている。英語でこの集合の例として挙げられるのは，cut, destroy, kill および他動詞の break と open である。統語・意味特性の組み合わせによって定義されるこれらの動詞を，私は「中核的他動詞」（CTV）と呼ぶ。この定義を踏まえると，CTV は Hopper & Thompson 1980 の意味において，他動性の「きわめて高い」動詞だということになる）

ここで言われている「動作主が被動者（被動作主）にはたらきかけ，影響を及ぼす」という型は，まさに Hopper and Thompson（1980）が AFFECTEDNESS OF O（目的語の被影響度）と呼んでいるもので，目的語が表す被動者（被動作主）が，動作主の行為によって影響を受ける度合いがきわめて高い意味的型であるということです。これは Hopper and Thompson で次のように説明されています。

(6) The degree to which an action is transferred to a patient is a function of how completely that patient is AFFECTED; it is done more effectively in, say, *I drank up the milk* than in *I drank some of the milk*.

(Hopper and Thompson (1980: 252-253))

（ある行為が被動者（被動作主）へと転移される度合いは，被動者（被動作主）がどれくらい完全に「影響されるか」と相関関係にある。たとえば，I drank some of the milk.（私はその牛乳をいくらか飲んだ）よりも，I drank up the milk.（私はその牛乳を飲み干

した）のほうが，被動者（被動作主）［である牛乳］は強い影響を
受けている）

ここでは，some of the milk だと牛乳の一部のみが影響を受ける
のに対して，the milk だとある一定量の牛乳すべてが影響をうけ
ることを表し，なおかつ up という不変化詞（いわゆる副詞）が，
その影響を及ぼす行為が完全に行われたことを強調しています。そ
のため，前者よりも後者のほうが目的語の被影響度が高いことにな
るのです。

　さて，（5）で挙げられている動詞は，いずれも〔x が y を「…
になるようにする」動詞〕（使役動詞）ですが，出水（2018: 193,
195）で示してあるように，これらは次のような事象スキーマに「使
役的結果状態」（caused result state）を表す語根が組み込まれた意
味表示をもつのでした。

(7)　externally caused state →
　　　[[x ACT] CAUSE [BECOME [y <*CAUSED-RESULT-STATE*>]]]
　　　〔x が y を「…になるようにする」動詞〕（使役動詞）

（出水（2018: 195））

そして，こうした動詞の代表として最も研究されてきた動詞 open
と break の意味表示は次のようになるのでした。

(8) a.　[[x ACT] CAUSE [BECOME [y <*OPEN*>]]]
　　　　〔x が y を「〈開いている状態〉になるようにする」動詞〕
　　 b.　[[x ACT] CAUSE [BECOME [y <*BROKEN*>]]]
　　　　〔x が y を「〈壊れている状態〉になるようにする」動詞〕

（出水（2018: 157））

第6章　他動詞らしさって何かあるの？　157

このような動詞は，目的語の表す被動者（被動作主）全体が，動作主の行う行為によって状態変化し，ある状態から別の状態に変わることを表します。そのため，目的語の被影響度が高く，Hopper and Thompson（1980）の意味において，他動性の「きわめて高い」動詞ということになるのです。

6.4.　中核的他動詞≠行為動詞・到達動詞・状態動詞

ところが，このような「中核的他動詞」の表す使役動詞的意味以外を表す他動詞も，英語にはたくさんあります。Levin（1999: 224）が他動詞の表す意味の多様性を示すために，後に他動詞の目的語が担ってる意味役割を示した例をいくつか見てみましょう。

まず，以下のような〔x が y に対して「… する」他動詞〕（行為動詞）の意味をもつものを見てみましょう。

(9) a.　The engineer washed the bridge.　(location / surface)

（技師は橋を洗った）（場所／表面）

b.　The engineer hit the bridge.　(location)

（技師は橋を叩いた）（場所）　　　　　　　(Levin (1999: 224))

これらは，記述的様態動詞の例であり，以下の事象スキーマに様態語根が組み込まれます。

(10)　manner → [x ACT$_{<MANNER>}$]

〔x が「… する」動詞〕（行為動詞）　(出水 (2018: 115, 195))

それによってそれぞれ，次のような意味表示ができるのでした。

(11) a.　[x ACT$_{<WASH>}$ y]

〔x が y に対して「〈洗う様態で〉する」動詞〕

b. [x ACT$_{<HIT>}$ y]

〔x が y に対して「〈叩く様態で〉する」動詞〕

(cf. 出水 (2018: 36-37))

このような動詞の場合，動作主（agent）である「技師」(the engineer) は「橋」(the bridge) という場所に対して何らかの行為をします。したがって，(5) で挙げられている「中核的他動詞」の特徴のうち，「動作主が被動者（被動作主）にはたらきかけ」という部分は当てはまりますが，被動者（被動作主）は状態変化するかどうか語彙の意味としてわからないので，「影響を及ぼす」という部分は当てはまりません。

次に，〔y が z に対して「... になる」他動詞〕（到達動詞）の意味をもつ他動詞を見ていきます。まず，出水 (2018: 54-59) で取り上げている，移動結果動詞（有方向移動動詞）を見てみましょう。

(12) a. The engineer reached the bridge. (goal)

（技師は橋に到着した）（着点）

b. The engineer left the bridge. (source)

（技師は橋を離れた）（起点） (Levin (1999: 224))

到達動詞の事象スキーマは次のようなもので，そこに結果状態語根が組み込まれます。

(13) achievement → [BECOME [y <*RESULT-STATE*>]]

〔y が「... になる」動詞〕（到達動詞）

(出水 (2018: 195))

その結果，以下のような意味表示ができるのでした。

(14) a.　[BECOME [y <*REACHED*> z]]
　　　　〔y が z に対して「〈着いている状態〉になる」動詞〕
　　 b.　[BECOME [y <*LEFT*> z]]
　　　　〔y が z に対して「〈離れている状態〉になる」動詞〕

(cf. 出水 (2018: 54-55))

これらの場合，(5) で挙げられている「中核的他動詞」の特徴である「動作主が被動者（被動作主）にはたらきかけ，影響を及ぼす」という型がまったく当てはまりません。(12) の「技師」は移動の主体であり，意味役割で言うと動作主ではなく主題（theme）に相当します。つまり，この文の表す状況には動作主が存在しません。また，着点（移動先）や起点（移動元）となっている「橋」は，「技師」の移動を位置づけるはたらきをしているだけで，「技師」がそういった場所そのものに対して何らかの行為をするのではありません。

　また，出水 (2018: 95-97, 120-121) で考察している知覚動詞も同様です。

(15)　The engineer saw the bridge.　(stimulus / object of perception)
　　　（技師に橋が見えた）（刺激／知覚対象）　　　(Levin (1999: 224))

これは次のような事象スキーマへの組み込まれ方をするのでした。

(16)　perception verbs (achievement)
　　　→ [BECOME [y <*RESULT-STATE*>]]

(e.g. *see, hear, notice, ...*)

　　　〔y が「... になる」動詞〕（知覚動詞（到達動詞））

(cf. 出水 (2018: 120, 195))

そして，次のような意味表示が作り出されます。

(17)　[BECOME [y <*SEEN*> z]]

　　　〔y が z に対して「〈目にしている状態〉になる」動詞〕

（cf. 出水 (2018: 95-97)）

知覚動詞の see は，視覚を通して自然に知覚者が情報を得ること
を表します。ここでは「技師」が何もしなくても，「橋」が「技師」
の視界に入ったことを表します。そのため，(5) で挙げられている
「中核的他動詞」の特徴の型にやはり合いません。また知覚対象
((15) の例だと「橋」) に対して，「技師」が何かすることも表され
ていません。

　さらに，〔y が z に対して「… (である)」他動詞〕(状態動詞) の
意味になる他動詞があり，それは以下のようなものです。

(18)　The engineer hated the bridge.　(stimulus / target or object
　　　of emotion)

　　　(技師は橋をひどく嫌っていた)（刺激／知覚目標・対象）

（Levin (1999: 224)）

これは，出水 (2018: 84-89) で取り上げている，語根に参与者が
二つ含まれる状態動詞で，次のような事象スキーマにそういった語
根が組み込まれます。

(19)　state → [y <*STATE*>]

　　　(e.g. *exist, lie; love, like, hate; know, understand,* …)

　　　　　　〔y が「… (である)」動詞〕(状態動詞)

（出水 (2018: 120, 195)）

それによってできる意味表示が以下のようなものです。

(20)　[y <*HATE*> z]

〔y が z に対して「〈ひどく嫌っている状態〉」動詞〕

この場合，人が嫌いという感情を何らかの人・物・事に抱いている状況を表します。そのため，(18) の「技師」は嫌いという感情を抱いている主体（この場合も，意味役割で言うと「主題」に相当するでしょう）であり，「橋」に対して何かしたり，それによって「橋」が状態変化することはありません。そもそも，(18) の文が表す状況自体が静止的な状態であり，はたらきかけ（行為）も，その影響による状態変化も含んでいるはずがないのです。

　以上で見てきたような，（記述的）様態動詞，到達動詞，状態動詞は，いずれも (5) で挙げられている「中核的他動詞」の特徴の型全体に合致するものではありません。様態動詞は後半の「影響を及ぼす」という特徴を欠いていますし，到達動詞と状態動詞はそもそもこのような型とはまったく異質の状況を表します。したがってこれらはいずれも，「中核的他動詞」ではないと言えます。

6.5. 被動目的語と達成目的語

　次に，使役事象の中でもちょっと変わったものを見てみましょう。まず (21) の文を見てください。

(21)　The engineer built the bridge.　(effected object / factitive;
　　　cf. Fillmore 1968)　　　　　　　　　(Levin (1999: 224))
　　　（技師は橋を建造した）（達成目的語／作り出されるもの）

この文の動詞 build は，CAUSE を意味に含む使役的状態変化動詞だと考えられます。Beavers (2010) に見られる動詞 build の次のような説明を見てみましょう。

162

(22) For example, *build* describes events in which one partici-
pant causes another to come into existence by being built.

(Beavers (2010: 842))

(たとえば，build が記述する事象は，一つの参与者が，別の参与
者が build されて「存在するようになる」ようにするというものだ)

ここから読み取れるように，「存在するようになる」ようにするの
ですから，「存在するようになる」という結果状態を，使役的に引
き起こすという意味なのです。つまり，動詞 build が達成目的語を
取る場合，目的語が表すものが存在するようになることが，(21)
の文そのものの意味として指定されています。

　ただし，動詞 build 自体は，一方の参与者である動作主が，「部
品を組み合わせることによって物，特に建物を作る」(to make
something, especially a building, by putting parts together)
(*OALD*[9]) という行為を明確に指定しているので，記述的様態動詞
(行為動詞) の一種だと考えられます。

　このような動詞は，「動作主が被動者 (被動作主) にはたらきか
け，影響を及ぼす」という型の一種ではあるのですが，目的語の表
す被動者 (被動作主) が，主語の表す動作主のはたらきかけによっ
て，初めて存在するようになる (つまり，動作主が何かする前には
存在しない) という点で特殊です。これは Beavers (2011) による
被影響度 (affectedness) のタイプ分けで，次のようにまとめられ
ています。

(23) *x* comes into existence. (*build* / *design* / *construct* / *create* /
fashion **x**)　　　　　　　　　　　　　　　(Beavers (2011: 339))

つまり，これらの動詞は，語彙化している意味という点から考えれ

ば，(9) の動詞と同様に〔x が「... する」動詞〕(行為動詞) になる
はずです。ところがその一方で，目的語が表すものが存在するよう
になるという結果状態が存在する以上，〔x が y を「... になるよう
にする」動詞〕と同じように CAUSE を意味に含む使役的状態変化
動詞の意味構造をもっていなければなりません。つまり，第2章で
見た「様態・結果の相補性」に違反しているように思われます。し
かし，実際には記述的様態動詞の一種であり，結果は目的語の存在
によって生じているのだということを，後で見ていきます。

　これらとは対照的に，(5) で「中核的他動詞」の例として挙げら
れていた cut, destroy, kill および他動詞の break と open の場合，
目的語の表す被動者 (被動作主) が，主語の表す動作主が何かする
前から存在しています。このような違いは，かつて Fillmore
(1968) が次のように説明したものです。

(24) One example of a 'covert' grammatical distinction is the
one to which traditional grammarians have attached the
labels '*affectum*' and '*effectum*', in German '*affiziertes
Objekt*' and '*effiziertes Objekt*'. The distinction, which is
reportedly made overt in some languages, can be seen in
Sentences [a] and [b].

　　[a]. John ruined the table.

　　[b]. John built the table.

Note that in one case [= (a)] the object is understood as
existing antecedently to John's activities, while in the oth-
er case [= (b)] its existence resulted from John's activi-
ties.　　　　　　　　　　　　　　　　(Fillmore (1968: 4))

(「非明示的」(covert) な文法的区別の一例として，伝統文法家た

ちが，「被動」（affectum）と「達成」（effectum）というラベルを
はってきたものがある。これはドイツ語の「被動目的語」（affi-
ziertes Objekt）と「達成目的語」（effiziertes Objekt）である。こ
の区別は，一部の言語では明示的（overt）になるそうだが，aとb
の文に見られるものである

　　a. ジョンはテーブルをめちゃめちゃにした。

　　b. ジョンはテーブルを作った。

注目すべきなのは，aの場合，目的語はジョンの行為より前に存
在していると理解されるのに対して，bの場合，目的語が存在す
るのはジョンの行為の結果だということである）

　（24a）の ruin は，cut, destroy, kill や他動詞の break, open と
同じく，目的語の表す被動者（被動作主）が，主語の表す動作主の
動作に先立って存在しています。このようなものを Fillmore では，
すでに存在するものが「影響を受ける」（affected）という意味で，
「被動」（affectum）と呼んでいるわけです。一方，（24b）の build
は，目的語の表すものが，主語の表す動作主の動作によって作り出
される，つまり「もたらされる」（effected）ので，「達成」（effec-
tum）と呼んでいます。[1]

　このような「被動目的語」と「達成目的語」の違いは，事象スキー
マに基づく意味表示によってどのように表すことができるのでしょ
うか。（24a）の ruin は，「動作主が被動者（被動作主）にはたらき
かけ，影響を及ぼす」という型に適合しており，（5）で挙げられて
いる中核的他動詞の一種だと考えられるので，（8）と同様の次のよ
うな意味表示をもつはずです。

---

　[1] affectum, effectum というのは，ラテン語で英語の動詞 affect と effect に
相当する動詞の変化形です。

(25)　[[x ACT] CAUSE [BECOME [y *<RUINED>*]]]
　　　〔x が y を「〈めちゃめちゃにされている状態〉になるよう
　　　にする」動詞〕

　一方，動詞 build 自体は，このような意味表示ではなく，(10)
のように〔x が「... する」動詞〕(行為動詞) の事象スキーマへと組
み込まれ，以下のような意味表示をもつと考えられます。

(26)　[x ACT$_{<BUILD>}$ y]
　　　〔x が y に対して「〈建てる様態で〉する」動詞〕

このような意味表示を想定するのは，以下に示すような，語根項 y
を表現しないことによる自動詞用法が，動詞 build には見られるか
らです。

(27) a.　They're going to *build* on the site of the old power sta-
　　　　tion.　　　　　　　　　　　　　　　　　　　　(*OALD*[9])
　　　　(彼らは発電所があった場所に家を建てるつもりでいる)

　　　b.　"Stanford Enterprises has several very large factories
　　　　in France. It would be a shame if our board of direc-
　　　　tors decided to close all of them down and *build* in
　　　　other countries."

　　　　　　　　　　　　(Sidney Sheldon, *Morning, Noon and Night*: 65)
　　　　(「スタンフォード・エンタプライズは，フランスに非常に大き
　　　　な工場をいくつか所有しています。重役会の決定が，それらを
　　　　全部閉鎖し，他の国で建設を行うというものであれば，困った
　　　　ことになるでしょう」)

動詞 build を文脈なしに自動詞で使った場合，(27a) の例が示すよ

うに，家を建てることを表します。(27a) の文から典型的に想起される状況は，they が不動産会社の人々を指し，発電所跡の土地を宅地開発する（つまり，何軒も家を建てる）というものです。これは出水（2018: 62-63）で見た，記述的様態動詞 sweep（掃く）が自動詞用法で sweep the floor（床を掃く）を表すのと同じことなのです（ただし，the floor は動詞 sweep の表す行為よりも前から存在するので，「被動目的語」の一種です）。そのため，動詞 build も記述的様態動詞だと考えてよいと思われます。さらに，(27b) のように先行文脈から建てるものが工場だとわかっている場合，やはり目的語の復元可能性が保証されるので，自動詞で使うことができます。

　では，build the bridge や build the table のように「達成目的語」を取る場合，意味表示をどのように考えればよいのでしょうか。意味的に考えると，動詞 build の参与者である動作主がはたらきかけるもの（つまり sweep the floor の the floor に相当するもの）は，実際には the bridge（橋）や the table（テーブル）自体ではなく，その「部品」(parts) です。つまり，部品自体は被動目的語が表すものと同様に，動詞の表す行為よりも前から存在するわけです。ただし，目的語として文の中に現れるのは，この部品ではなく，部品を組み立てた結果，「存在する」(existing) ようになったものです。逆に言うと，完成したものが目的語の位置を占めているため，元になる部品は文の中の要素として現れないと言うことです。このような，はたらきかけられる被動者が目的語として現れない形は他にもあるのでしょうか。

　第4章の (33)-(35) で「スキーマ増設」とそれにまつわる言語現象（特殊な構文）を見たのを覚えていますか。同じように「スキーマ増設」が当てはまる例として，Rappaport Hovav and Levin（1998）が面白い文を取り上げています。(29) の文を見てみましょう。

第6章 他動詞らしさって何かあるの？　　167

(28) a.　Phil swept the crumbs onto the floor.

（フィルは（テーブルを）手で払ってパンくずを床へと落とした）

b.　Phil swept the crumbs off the table.

（フィルは（テーブルを）手で払ってテーブルからパンくずを落

とした）　　　　　　　　　(Rappaport Hovav and Levin (1998: 120))

これらの文でも，動作主がはたらきかける被動者である「テーブル」
(the table) は目的語として現れず，代わりに位置変化が生じる「パ
ンくず」(the crumbs) が目的語となっています。これらに対して
Rappaport Hovav and Levin が示している意味表示は (29) です。

(29)　[[x ACT$_{<SWEEP>}$ y] CAUSE [BECOME [z *<PLACE>*]]]

〔x が y に対して「〈掃く様態で〉z がある位置にあるよう
にする」動詞〕　　　(Rappaport Hovav and Levin (1998: 120))

このように「掃くことによって何かを移動させる」という動詞
sweep の意味も，この動詞が本来もつ [x ACT$_{<SWEEP>}$ y] という意
味表示に対して「スキーマ増設」が行われた結果，使役の意味表示
になったものだというのが，Rappaport Hovav and Levin の主張
です。「スキーマ増設」をする場合，この本の第4章 (35) のとこ
ろで見たように，「意味表示に足し算をする場合は，何でも足せる
のではなく，何か別の事象スキーマに語根を入れた形になるような
追加だけが認められる」ということでした。(29) は一般的な使役
動詞の意味表示と同じ構造になっているので，この点に関しては問
題ありません。

　さらに，(28) が (29) のような意味表示をもつと考えられる（逆
に言えば，(29) の意味表示が (28) の文で表される）理由を，
Rappaport Hovav and Levin は次のように説明しています。

(30) The second argument of the causing subevent, the sur-face, need not be expressed since it is a [root argument]. The second subevent, which is not identified by the verb itself, is identified by the preposition *onto* in the (a) sen-tence and *off* in the (b) sentence.

(Rappaport Hovav and Levin (1998: 120))

（原因下位事象［= [x ACT$_{<SWEEP>}$ y]］の第 2 項 [= y] である表面は，語根項である以上表す必要がない。第 2 の下位事象［=[BE-COME [z <*PLACE*>]]] を認定しているのは，動詞自体ではなく，(a) の文の前置詞 onto や (b) の文の前置詞 off である）

つまり，出水（2018: 137-140）やこの本の第 4 章（36）で取り上げた「下位事象一つにつき，統語レベルで少なくとも一つの項 XP がなければならない」という条件が，(28) の場合，onto the floor や off the table という前置詞句が存在することで満たされていることになります。

　さて，ここで（21）の The engineer built the bridge.（技師は橋を建造した）という「達成目的語」を含む文に戻りましょう。「下位事象一つにつき，統語レベルで少なくとも一つの項 XP がなければならない」という条件は，出水（2018: 137-140）で，使役動詞が他動詞でなければならない理由としても提示していましたから，XP は名詞句，つまり目的語でもいいのです。ということは，記述的様態動詞が「達成目的語」を取って他動詞になっている場合，(28) の文の意味表示である（29）と同じように，意味表示で「スキーマ増設」が起こっていると考えることができます。つまり，(26) の意味表示が「スキーマ増設」されて，結果状態を含む使役動詞と同じ構造へと変化しているということです。以上のような考

えに従い，動作主（the engineer）を x，部品（parts）を y，完成し
たもの（the bridge）を z という項で表すと，(21) の文に対応する
意味表示は次のようになるはずです。

(31)　[[x ACT*_{BUILD}* y] CAUSE [BECOME [z *<CAUSED-RESULT-STATE>*]]]
　　　〔x が y に対して「〈建てる様態で〉z が存在するようにする」動詞〕

つまり，「達成目的語」というのは，動作主がはたらきかけるもの
（被動者）というよりもむしろ，動作主が何か被動者にはたらきか
けた結果新たに生じるものを表すということです。

　動詞 build と同様の意味表示をもつものとしては，動詞 dig を挙
げることができます。

(32) a.　As he *dug*, he was careful to dump the dirt far away
　　　　from the hole.　　　　　　　　　(Louis Sachar, *Holes*: 49)
　　　　（掘りながら，土を穴から離れたところへ捨てるよう注意した）

　　 b.　She had to *dig* the garden.
　　　　（彼女は庭を掘り起こさなければならなかった）

　　　　　　　　　　　　　　(https://www.oxforddictionaries.com/)

　　 c.　Using both hands, he *dug* a hole in the soggy soil.

　　　　　　　　　　　　　　　　　　(Louis Sachar, *Holes*: 170)

　　　　（両手を使って，彼は水気を含んだ土に穴を掘った）

(32a) のように自動詞で用いた場合，動詞 dig は典型的な行為の対
象（場所）で，語根項 y によって表される「地面を掘る」ことを表
します。この語根項 y は (32b) の「庭」（the garden）のように具
体的に表現することももちろん可能です。これら (32a)(32b) の
意味表示は，以下のようなものだと考えられます。

(33)　[x ACT$_{<DIG>}$ y]
　　　〔x が y に対して「〈掘る様態で〉する」動詞〕

(33) に対して「スキーマ増設」が行われたのが，「達成目的語」を取った（32c）に対応する意味表示だと考えられます。これは次のようになります。

(34)　[[x ACT$_{<DIG>}$ y] CAUSE [BECOME [z *<CAUSED-RESULT-STATE>*]]]
　　　〔x が y に対して「〈掘る様態で〉z が存在するようにする」動詞〕

この場合，x が he，y が the soggy soil，z が hole に対応します。(32c) で in the soggy soil という前置詞句によって表されている y の the soggy soil は，(28b) で off the table という前置詞句によって表されている y の the table と同じく，本来の被動者ですが，z が「達成目的語」として目的語の位置を占めてしまったため，前置詞句によって表されているのです。

　以上で，「達成目的語」とは，本来の被動者 y が目的語として具現化されず，行為によって新たに生じた z が目的語として表現されたものなのだということを見てきました。このような，目的語が y（被動者）なのか z（達成目的語）なのかという違いは，実は被影響度（affectedness）という概念を適用する場合の微妙な違いに関連していますので，また 7 節で取り上げることになります。

6.6.　中核的他動詞でないもの＝非中核的他動詞

　中核的他動詞の特徴をもたない動詞には，6.4 節で見てきたようなもの以外にも，さまざまな動詞があります。6.4 節で見た動詞は，その目的語が担っている意味役割を，場所，着点，起点，知覚対象

第6章　他動詞らしさって何かあるの？　　171

のように，比較的容易に思いつくことができるものでした。しかし
ながら，そもそもそのような意味役割を思いつくことも難しいよう
な動詞があります。このことは，出水 (2018: 128-129) の注 19 で
も触れました。

(35)　Furthermore, there are many English transitive verbs
　　　whose objects cannot be readily assigned roles from the
　　　most common semantic role inventories.　Among them
　　　are the verbs with inanimate objects in [(36)] and with
　　　animate objects in [(37)].

　　　（しかも，英語に存在する他動詞の目的語には，最も一般的な意味
　　　役割目録から容易に役割を割り当てることのできないものがたく
　　　さんある。それらの中には，無生物の目的語を取る (36) の動詞
　　　や，有生の目的語を取る (37) の動詞がある）

(36) a.　The engineer praised the bridge.
　　　　　（技師は橋を賞賛した）

　　 b.　The engineer touched the bridge.
　　　　　（技師は橋に触れた）

　　 c.　The engineer avoided the bridge.
　　　　　（技師は橋を避けた）

　　 d.　The engineer owned the bridge.
　　　　　（技師は橋を所有していた）

　　 e.　The engineer imagined the bridge.
　　　　　（技師は橋を想像した）

　　 f.　The engineer studied the bridge.
　　　　　（技師は橋を調べた）

172

(37) a. The engineer ignored the architect.

   (技師は建築家を無視した)

 b. The engineer praised the architect.

   (技師は建築家を賞賛した)

 c. The engineer greeted the architect.

   (技師は建築家に挨拶した)

 d. The engineer selected the architect.

   (技師は建築家を選択した)

 e. The engineer supervised the architect.

   (技師は建築家を監督した)

 f. The engineer fought the architect.

   (技師は建築家と争った)

 g. The engineer met the architect.

   (技師は建築家に会った)

 h. The engineer visited the architect.

   (技師は建築家を訪問した)

 i. The engineer followed the architect.

   (技師は建築家に続いた)

(Levin (1999: 224))

結局, 使役動詞以外の意味を表す他動詞は, 〔y が z に対して「…になる」他動詞〕(到達動詞), 〔x が y に対して「… する」他動詞〕(行為動詞), 〔y が z に対して「… (である)」他動詞〕(状態動詞) のいずれかになるのですが, 詳細は省きます。ただ, 一つだけ言えるのは, これらの目的語がいずれも, 出水 (2018: 63-68) で説明している語根項に対応するものだということです。具体的に言うと, 事象スキーマの項のほうが少なく, 語根に含まれる参与者が対

応する項をもたずに余ってしまう場合，参与者の数に合うように項が追加されるのでした。そしてこのような語根項は，事象スキーマに元から含まれていて参与者と対応づけられる構造項とは区別して，下線を引くのでした。

このような語根項は，出水（2018: 128）でも述べているように，さまざまな動詞に共通する事象スキーマには存在せず，語彙固有の意味に由来するものなので，スキーマ的解釈に基づく一般的な役割名を付けることができないものが多いのです。それがまさに，意味役割のどれにも分類できないような（36）（37）の他動詞の目的語だということになります。

以上のことをまとめて，さらに別の動詞を追加する形で，Levin（1999）は次のように述べています。

(38) […] the class of English transitive verbs can be partitioned into the CTVs and the set of transitive verbs that do not meet the CTV semantic profile. I refer to these other, more often than not neglected, English transitive verbs as the 'noncore transitive verbs' (NCTVs). The NCTVs of English include the verbs in [(36) and (37)], as well as verbs such as *jiggle, kick, pound, rub, shake, stab*, and *sweep*.　　　　　　　(Levin (1999: 224, 225))
（英語の他動詞というクラスは，CTV［中核的他動詞］とCTVの意味的要件を満たさない一連の他動詞に分割される。私はこの無視されることの多いCTV以外の英語の他動詞を，「非中核的他動詞」（NCTV）と呼ぶ。英語のNCTVに含まれるのは，（36）（37）の動詞以外では，jiggle, kick, pound, rub, shake, stab, sweepのような動詞である）

174

結局,「非中核的他動詞」というのは,「中核的他動詞」の意味的型に当てはまらず,語根項の語彙固有の意味がさまざまに反映された雑多な動詞群であり,「中核的他動詞」でないものとしか定義できないことになります。

(39) NCTVs also form a subset of the transitive verbs, but one that apparently lacks a unified and independent semantic characterization. The class of NCTVs is defined negatively in terms of a property its members lack: its members are not CTVs. (Levin (1999: 225))
(NCTV もまた他動詞の一部をなしているが,どうも統一された独自の意味的特徴付けをもたないようである。NCTV のクラスはその要素がもたない特性に基づいて否定的に定義される。つまりNCTV というのは CTV ではないものなのである)

以上で非中核的他動詞について見てきました。このような他動詞は,事象スキーマに基づく意味表示によって分析するのがなかなか難しいのですが,複数の語を取り上げてその共通点と違いを分析する際には,事象スキーマが役に立つこともあります。また,そもそもこのような他動詞が英語(や日本語を含むさまざまな言語)に存在するということを知っておくことで,動詞の意味分析をする際に役立つ部分もあると考え,ここで紹介しておきました。

6.7. 被影響度を反映する言語現象

最後に,冒頭で見た Hopper and Thompson (1980) の言う AFFECTEDNESS OF O(被動者の被影響度)が,ある動詞の目的語に一定

第6章 他動詞らしさって何かあるの？ 175

以上見られるのかどうかを判別するテストについて考えます。これ
は What happened to … is の … にその目的語だけを切り離して入
れて，その後の部分に目的語を代名詞で置き換えた元の文を続ける
というものです。目的語が影響を受けている場合，この文の形にし
ても容認されますが，影響を受けていない場合にはおかしな文にな
ります。これを Beavers (2011) という「被影響度」をテーマにし
た論文は，次のように説明しています。

(40) Intuitively, the object of [(41a)] is affected and passes
What happened to X is Y, as in [(41b)]. But for [(42a)],
the object is intuitively unaffected and likewise does not
pass the test, as in [(42b)].   (Beavers (2011: 339))
(直感的に言えば (41a) の目的語は影響を受けていて，(41b) に示
されるように，What happened to X is Y（X に起こったのは Y
だ）というテストで容認される。だが (42a) に関しては，目的語
が直感的に言って影響を受けておらず，やはり (42b) に示される
ように，このテストで容認されない)

(41) a. The Romans destroyed the barbarian city.
         (ローマ人たちはその異民族の都市を破壊した)

     b. What happened to the barbarian city is that the Romans
         destroyed it.
         (その異民族の都市に起こったのは，ローマ人たちがそれを破
         壊したことだ)

(42) a. They followed the star (out of Bethlehem).
         (彼らはその星を追っ（てベツレヘムを出）た)

     b. #What happened to the star is they followed it (out of

176

Bethlehem).[2]   (Beavers (2011: 340))

(#その星に起こったのは，彼らがそれを追っ（てベツレヘムを出）たことだ)

(41) の動詞 destroy は，目的語の「異民族の都市」(the barbarian city) が〈破壊されている状態〉という結果状態に状態変化することを表し，「動作主が被動者（被動作主）にはたらきかけ，影響を及ぼす」という中核的他動詞の型にも当てはまりますので，被影響度が高いです。一方，(42) の動詞 follow が表す状況では，「星」(the star) に動作主の they ははたらきかけてもいないし，ましてや影響を及ぼしてもいません。そのため，このテストに当てはめると，容認されない文になります。それによって，follow の目的語は被影響度が低いものだということがわかります。

　他の例として，同じように中核的他動詞の型に当てはまり，「〈より長くなっている状態〉という結果状態へと変化することを表す動詞 lengthen の例を見てみましょう。

(43) What happened to the jeans is the tailor lengthened them.

                                    (Beavers (2010: 835))

(そのジーンズに起こったのは，仕立屋がそれを長くしたことだ)

この場合もやはり，被影響度が高いので，容認される文ができます。

　続けて，中核的他動詞ではないものの，上の (9) で見た記述的様態動詞（行為動詞）を，このテストに当てはめてみましょう。

---

[2] ここで付けられている # は，その文の表す内容がふつうの状況ではありえないという意味です。容認されないということなので，* とほぼ同じだと考えて構いません。

第6章　他動詞らしさって何かあるの？　　177

(44)　What happened to the car was John hit / slapped / wiped it.

(Beavers (2010: 835))

(その車に起こったのは，ジョンがそれを殴った／平手で叩いた／
拭いたことだ)

これらの動詞には，「中核的他動詞」の特徴のうち，動作主が被動
者（被動作主）にはたらきかけ」という部分は当てはまりますが，
被動者（被動作主）が状態変化するかどうかは語彙の意味としてわ
からないので，「影響を及ぼす」という部分は当てはまらないので
した。でもこれらの場合，このテストで容認されます。つまり，実
際に「影響を及ぼす」という部分はあってもなくてもよいのですね。
これは，「動作主が被動者（被動作主）にはたらきかけ」という意味
特徴さえあれば，単語の意味としては指定していなくても，何か変
化が起こる，つまり影響が及ぶ可能性があるからです。そのため，
被影響度がある程度高いということになり，容認されるということ
なのです。

　最後に，「動作主が被動者（被動作主）にはたらきかけ」という部
分が物理的レベルでは当てはまらない行為動詞と，単に主語と目的
語が表すものの関係を表している状態動詞を考えてみましょう。

(45) ??What happened to the wall is that John touched / grazed /
saw it.　　(Beavers (2010: 836))

(??その壁に起こったのは，ジョンがそれに触った／ジョンがそれ
をかすめて通った／ジョンにそれが見えたことだ)

これらのうち，動詞 touch と graze は行為動詞のうち動作主の物
理的はたらきかけがなく，被動者（被動作主）が変化する可能性が

まずないものです。[3] また，動詞 see は知覚動詞（到達動詞）であり，目的語が表すのは自然にジョンの目に入った知覚対象です。そのため，目的語が表す知覚対象に変化が起こることはやはりありえません。

　以上をまとめると，次のようになります。

(46) *What happened to x is* ϕ *is felicitous iff* ϕ *is felicitous and entails x has potential for change.*

(Beavers (2010: 835))

(What happened to x is ϕ（x に起こったのは ϕ だ）が適切となるのは，ϕ が適切で x が変化する可能性があることを含意する場合で，かつその場合に限られる)

ここでいう「x が変化する可能性」というのは，「x に対する物理的はたらきかけ」と言い換えてもいいでしょう。そして，上で取り上げた動詞を，Beavers (2011: 358) を参考に整理すると，次のようになります。

(47) a. 目的語に状態変化が起こる動詞：break, shatter, destroy, devour; widen, cool, lengthen, cut, slice

　　 b. 目的語に状態変化が起こる可能性がある動詞：wipe, scrub, rub, punch, hit, kick, slap

　　 c. 目的語の状態変化に関して未指定な動詞：see, laugh at, smell, follow, ponder, ogle

---

[3] 動詞 touch や graze の場合，物理的に触れることを表すので，はたらきかけがあると考える人もいるかもしれませんが，hit のように衝撃を加えることや，wash, wipe のように表面を摩擦することは表していません。そのため，ここでは変化を引き起こす可能性のあるようなはたらきかけはないと考えているのです。

第6章　他動詞らしさって何かあるの？　179

　以上で，What happened to X is Y（X に起こったのは Y だ）という被影響度を判別するテストを見てきました。そして，このテストは結局，「X が変化する可能性」「X に対する物理的はたらきかけ」という一定以上の被影響度をもつ場合に容認されるのでした。

　ところで，そもそもはたらきかけを受けるという場合，それが元から存在しないといけないと思いませんか。ということは 6.5 節で見た被動目的語と達成目的語で言うと，被動目的語の場合だけしか，このテストは使えないはずです。このことは Beavers（2011）でも次のように説明されています。

(48)　［…］if *What happened to X is Y* is taken to be an affect-
　　　edness diagnostic, then prior existence must therefore also
　　　be a factor relevant for affectedness — perhaps something
　　　cannot be "affected" if it did not exist prior to the event.

(Beavers (2011: 340–341))

　　　（What happened to X is Y（X に起こったのは Y だ）というテス
　　　トを被影響度（affectedness）の判別テストだと考えるなら，先行
　　　して存在することがそもそも影響を受けることに関連する要素で
　　　なければならないことになる。たぶん，事象に先だって存在して
　　　いないものは，「影響を受ける」ことなどありえないからだろう）

実際，このテストを達成目的語に適用すると，無から有への状態変化という何らかの意味での影響を，被動者（被動作主）が受けていると考えることができるのに，次のように容認できない文になります。

(49)　#What happened to the shed is John built / constructed it.

(Beavers (2011: 340))

　　　（#その物置小屋に起こったのは，ジョンがそれを建築／建設した

ことだ）

これは，達成目的語が事象に先だって存在していないので，「影響を受ける」という概念を当てはめにくいからです。

　以上で見てきたことを，事象スキーマに基づく意味表示を使って再整理してみましょう。What happened to X is Y（X に起こったのは Y だ）という被影響度を判別するテストで容認されるのは，動詞 destroy, hit, build に関して示した，(50) のような意味表示の y が X の位置に来る場合です。

(50) a. $[[x \text{ ACT}] \text{ CAUSE } [\text{BECOME } [\boxed{y} <DESTROYED>]]]$
〔x が y を「〈破壊されている状態〉になるようにする」動詞〕

b. $[x \text{ ACT}_{<HIT>} \boxed{y}]$
〔x が y に対して「〈叩く様態で〉する」動詞〕

c. $[[x \text{ ACT}_{<BUILD>} \boxed{y}] \text{ CAUSE } [\text{BECOME } [\boxed{z} <CAUSED\text{-}RESULT\text{-}STATE>]]]$
$(= (31))$
〔x が y に対して「〈建てる様態で〉z が存在するようにする」動詞〕
（$\boxed{y, z}$ のように□で囲んであるのが目的語となっている項）

つまり，まさに動作主 x がはたらきかける ACT 直後にある項 y か，動作主 x の ACT によって状態変化する BECOME の主題となる y しか，What happened to X is Y の X の位置に来ることはできないのです。

　一方，達成目的語の場合は，目的語になっているのが，動作主 x がはたらきかける y ではなく，それによって新たに生じる z なのです。そのため，目的語を What happened to X is Y の X の位置に置くことはできないということが，以上で想定してきた意味表示

第6章　他動詞らしさって何かあるの？　　181

によってうまく説明できます。

　ところが，これについてはもっと興味深い事実があります。以下の説明と挙げられている例文を読んでみましょう。

(51)　However, interestingly, in some contexts effected objects are acceptable with *What happened to X is Y*, including building model airplanes or things that are being recreated:
（しかしながら興味深いことに，一部の文脈では達成目的語が What happened to X is Y（X に起こったのは Y だ）というテストで容認可能である。これに含まれるのは，模型飛行機を組み立てたり，何かを作り直したりする場合である）

　　a.　What happened to the model airplane is John built it.
（その模型飛行機に起こったのは，ジョンがそれを組み立てたことだ）

　　b.　What happened to the shed is John rebuilt/reconstructed it.
（その物置小屋に起こったのは，ジョンがそれを再建したことだ）
(Beavers (2011: 340))

ここで言われているのは，同じ動詞 build を使っていながら，目的語が「模型飛行機」(model airplane) の場合や，作り直すものである場合は，このテストで容認されるようになるということです。

　これは結局，先行して存在するということが，組み立て部品の形で存在していたり，建てられる前に古くなったり壊れたりした状態で存在していたりという形でも構わない場合があるということなのです。

(52)　One thing that unifies them is that the object has independent existence prior to the event, since model airplanes exist as kits before assembly and things that are recreated existed before.   (Beavers (2011: 340))

（これらに共通する一つのことは，目的語が事象に先だって，独立して存在していることだ。というのも，模型飛行機は組み立て前に部品として存在しているし，作り直されるものは以前存在していたからだ）

橋やテーブルの場合も，もちろん組み立てるのはそれらの元になる部品です。しかしながら，模型飛行機の部品や前に立っていた物置小屋の場合，でき上がる飛行機や新たな物置小屋を，橋やテーブルの部品の場合よりも，ずっと容易に想起できるのだと考えられます。つまり，(50c) の意味表示で言うと，y から z がきわめて容易に想起できる，言い換えれば z が y からそれほどかけ離れたものではなく，y′ に近いようなものだということです。

（53）　[[x ACT*<BUILD>* y] CAUSE [BECOME [y *<CAUSED-RESULT-STATE>*]]]
　　　〔x が y に対して「〈建てる様態で〉y′ が存在するようにする」動詞〕

これはつまり，新たに作り出されるものが，完全に新しいものではなく，動作主がはたらきかける被動者とそんなに変らないものである場合，z が y と同一視されて y′ となり，そのまま What happened to X is Y の X としても容認されるのだということです。

　この辺りの言語現象となると，動詞そのものの意味だけでなく，さまざまな文脈，解釈的な要因が関わってきます。でも，実はこのような錯綜した言語事実の背後には，人間が物事をどのように知覚し，どのように表現するのかに対するいろいろな興味深い側面が隠されています。こうしたことも含めて，動詞の意味について考えて

いくことは，面白いのではないかと思うのです。

6.8. まとめ

この章では，他動性という概念を説き起こすことから始め，それを反映するさまざまな動詞のグループ分けや，言語現象を取り上げました。やや，雑多で恣意的な印象もあるかもしれませんが，実際に動詞の分析を行う際に，何らかの新たな切り口として利用できるものがあればよいと思い，紹介してみました。

お わ り に

研究者が入門書的な本を書くということは、その人がそれまで学んで自分なりに消化してきたことを、興味深い形で世の中の人に提示し、知的好奇心を刺激することだと前著では書きました。今回の本にも同じことが言えればよいのですが。

Levin と Rappaport Hovav による理論を追い続ける中で、2008 年以降、様態・結果の違いに関して、それらはともに変化を表し尺度の有無の点で対立しているのだ、という新たな視点が提示されたことは、私にとって衝撃でした。しかしその時初めて、「様態とか結果とか、なんとなく使っていた用語だけど、実体がはっきりしないまま使っていたんだな」ということを意識させられたのです。このような内容は、20 年前ではなく今日の Levin と Rappaport Hovav による理論を理解する上できわめて重要ですので、今回の本で取り上げました。また、目的動詞という概念を私が知ったのは 2013 年のことでした。2013 年 11 月 9 日（土）、10 日（日）に福岡大学で日本英語学会第 31 回大会が開催されましたが、その 2 日目の午後に、「語彙意味論の新たな可能性を探って」というシンポジウムに出席しました。そこで、東北大学の小野尚之先生が「様態・結果相補性の仮説と合成性」というタイトルで発表された内容の中に、Fellbaum（2013）による目的動詞という分類の提案が含まれていたことが、私がこの種の動詞に興味をもったきっかけでした。それを今回この本に批判的な形で取り込んでみましたが、内容を取り上げ、私に第 3 章の着想を与えて下さった小野先生には感謝します。

前著でも書きましたが、私がこのような本を書くことができたの

185

は，私にこれまでさまざまな形で関わって頂いた方々の御蔭による
ものです。私の師匠であった故児玉徳美先生，学部時代からお世話
になり博士学位論文の主査をして頂いた立命館大学の佐野まさき先
生，六甲英語学研究会で発表した際にコメントを下さった方々，と
りわけ大阪樟蔭女子大学名誉教授の柏野健次先生，近畿大学の吉田
幸治氏，龍谷大学の五十嵐海理氏からは，多大な恩恵を受けてきま
した。記して感謝の意を表したいと思います。この本の執筆によっ
て，これまでに多くの方から受けてきた学恩を少しでも社会に返す
ことができればよいと願っています。また，今回もこのような機会
を与えてくださった開拓社の川田賢氏に改めてお礼を言いたいと思
います。

　最後に，最初の読者として原稿を読んで意見を聞かせてくれ，校
正や索引作成を手伝ってくれた，著者の元ゼミ生の牧野紀彦さん，
校正を緻密に読んで著者が気づかなかった多数の問題点を指摘して
くれた神戸市外国語大学大学院生の萩澤大輝さんにも併せて感謝し
ます。

　2019 年 5 月

出水　孝典

参 考 文 献

Beavers, John (2010) "The Structure of Lexical Meaning: Why Semantics Really Matters," *Language* 86, 821-864.

Beavers, John (2011) "On Affectedness," *Natural Language and Linguistic Theory* 29, 335-370.

Cattell, Ray (1984) *Composite Predicates in English*, *Syntax and Semantics* 17, Academic Press Australia, Sydney.

出水孝典 (2018)『動詞の意味を分解する ─ 様態・結果・状態の語彙意味論 ─』(開拓社言語・文化選書 71), 開拓社, 東京.

Fellbaum, Christiane (2013) "Purpose Verbs," *Advances in Generative Lexicon Theory*, ed. by James Pustejovsky et al., 371-384, Springer Science + Business Media, Dordrecht.

Fillmore, Charles J. (1968) "The Case for Case," *Universals in Linguistic Theory*, ed. by Emmon Bach and Robert T. Harms, Holt, Rinehart and Winston, New York.

Hamilton, David L., Pamela A. Gibbons, Steven J. Stroessner and Jeffrey W. Sherman (1992) "Stereotypes and Language Use," *Language, Interaction and Social Cognition*, ed. by Gün R. Semin and Klaus Fiedler, 102-128, SAGE Publications, London.

Hopper, Paul J. and Sandra A. Thompson (1980) "Transitivity in Grammar and Discourse," *Language* 56, 251-299.

Langacker, Ronald W. (1990) *Concept, Image, and Symbol: The Cognitive Basis of Grammar*, Mouton de Gruyter, Berlin.

Levin, Beth (1999) "Objecthood: An Event Structure Perspective," *CLS* 35: *The Main Session*, 223-247.

Levin, Beth (2000) "Aspect, Lexical Semantic Representation, and Argument Expression," *BLS* 26, 413-429.

Levin, Beth and Malka Rappaport Hovav (1995) *Unaccusativity: At the Syntax-Lexical Semantics Interface* (Linguistic Inquiry Monograph 26), MIT Press. Cambridge, MA.

Levin, Beth and Malka Rappaport Hovav (2013) "Lexicalized Meaning and Manner/Result Complementarity," *Studies in the Composition and Decomposition of Event Predicates*, Boban Arsenijević, Berit Gehrke and Rafael Marín, 49-70, Springer, Dordrecht.

李在鎬 (2010)『認知言語学への誘い――意味と文法の世界――』(開拓社言語・文化選書17), 開拓社, 東京.

大堀壽夫 (2002)『認知言語学』東京大学出版会, 東京.

岡本真一郎 (2016)『悪意の心理学――悪口, 嘘, ヘイト・スピーチ――』(中公新書), 中央公論新社, 東京.

Perlmutter, David M. (1978) "Impersonal Passives and the Unaccusative Hypothesis," *BLS* 4, 157-189.

Perlmutter, David M. and Paul M. Postal (1984) "The 1-Advancement Exclusiveness Law," *Studies in Relational Grammar 2*, ed. by David M. Perlmutter and Carol G. Rosen, 81-125, University of Chicago Press, Chicago and London.

Rappaport Hovav, Malka (2008) "Lexicalized Meaning and the Internal Temporal Structure of Events," *Theoretical and Crosslinguistic Approaches to the Semantics of Aspect*, ed. by Susan Rothstein, 13-42, John Benjamins, Amsterdam.

Rappaport Hovav, Malka and Beth Levin (1998) "Building Verb Meanings," *The Projection of Arguments: Lexical and Compositional Factors*. Stanford, ed. by Miriam Butt and Wilhelm Geuder, 97-134, CSLI Publications, California.

Rappaport Hovav, Malka and Beth Levin (2001) "An Event Structure Account of English Resultatives," *Language* 77, 766-797.

Rappaport Hovav, Malka and Beth Levin (2010) "Reflections on Manner/Result Complementarity," *Lexical Semantics, Syntax, and Event Structure*, ed. by Malka Rappaport Hovav, Edit Doron and Ivy Sichel, 21-38, Oxford University Press, Oxford.

Ritter, Elizabeth and Sara Thomas Rosen (1996) "Strong and Weak Predicates: Reducing the Lexical Burden," *Linguistic Analysis* 26, 29-62.

Semin, Gün R. and Klaus Fiedler (1992) "The Inferential Properties of Interpersonal Verbs," *Language, Interaction and Social Cognition*, ed. by Gün R. Semin and Klaus Fiedler, 58-78, SAGE Publications,

London.

吉村公宏（2004）『はじめての認知言語学』研究社，東京.

用例出典

鮎川哲也（2003）『沈黙の函　新装版』（光文社文庫），光文社，東京.

勝目梓（1983）『地獄の十点鐘』（徳間文庫），徳間書店，東京.

門田泰明（1989）『黒豹叛撃』（光文社文庫），光文社，東京.

仙川環（2010）『人体工場』（PHP 文芸文庫），PHP 研究所，東京.

楡周平（2004）『フェイク』（角川文庫），角川書店，東京.

Archer, Jeffrey (1977/2003) *Shall We Tell the President?*, Pan Books, London.

Benchley, Peter (1974/1991) *Jaws*, A Fawcett Crest Book, New York.

Brown, Dan (2000/2001) *Angels and Demons*, A Pocket Star Book, New York.

Cussler Clive with Jack Du Brul (2008/2009) *Plague Ship* (Berkley premium edition), A Berkley Book, New York.

Childs, Laura (2001) *Death by Darjeeling*, A Berkley Prime Crime Book, New York.

Durham, Laura (2005) *Better Off Wed*, Avon Books, New York.

Grisham, John (2001/2010) *Skipping Christmas*, Bantam Books Trade Paperback, New York.

Hailey, Arthur (1965/1991) *Hotel*, A Dell Book, New York.

James, P. D. (2006) *The Lighthouse*, Penguin Books, London.

le Carré, John (1963/2009) *The Spy Who Came in from the Cold*, Sceptre, London.

Lutz, John (1988) *Kiss*, Henry Holt and Company, New York.

Reich, Christopher (2002) *The First Billion*, A Dell Book, New York.

Robbins, Harold (1969/1971) *The Inheritors*, Pocket Books, New York.

Robbins, Harold (1974) *The Pirate*, Simon and Schuster, New York.

Robbins, Harold (1979) *Memories of Another Day*, Simon and Schuster, New York.

Sachar, Louis (1998/2001) *Holes*, Dell Laurel-Leaf, New York.

Sheldon, Sidney (1973) *The Other Side of Midnight*, William Morrow and Company, New York.

Sheldon, Sidney (1976/1988) *A Stranger in the Mirror*, Grand Central Publishing, New York.

Sheldon, Sidney (1995) *Morning, Noon and Night*, Warner Books, New York.

Stansberry, Domenic (1987/1990) *The Spoiler*, A Dell Book, New York.

Tine, Robert (1996) *Eraser*, A Signet Book, New York.

Uris, Leon (1970/1979) *QB VII*, A Bantam Book, New York.

Wallace, Irving (1976/2006) *The R Document*, A Tom Doherty Associates Book, New York.

Wallace, Irving (1980) *The Second Lady*, The New American Library, New York.

Wallace, Irving (1986) *The Seventh Secret*, E. P. Dutton, New York.

辞　書

岸野英治（編）（2012）『ウィズダム和英辞典』（第 2 版），三省堂，東京．

北原保雄（編）（2010）『明鏡国語辞典』（第二版），大修館書店，東京．

南出康世（編）（2014）『ジーニアス英和辞典』（第 5 版），大修館書店，東京．

野村恵造（編）（2013）『オーレックス和英辞典』（新装版），旺文社，東京．

東信行・諏訪部仁（編）（1989）『研究社・ロングマン イディオム英和辞典』研究社，東京．

山田忠雄ほか（編）（2011）『新明解国語辞典』（第 7 版），三省堂，東京．

Cambridge Advanced Learner's Dictionary, 4th edition (*CALD*[4]), 2013, Cambridge University Press, Cambridge.

Oxford Advanced Learner's Dictionary, 9th edition (*OALD*[9]), 2015, Oxford University Press, Oxford.

Longman Dictionary of Contemporary English, 6th edition (*LDOCE*[6]), 2014, Pearson Education, London.

Longman Idioms Dictionary, 1998, Pearson Education, London.

索　引

1. 日本語は五十音順に並べ，英語で始まるものは ABC 順で最後に一括してある。
2. 数字はページ数字を示す。

［あ行］

「歩く」　112

移動様態動詞　7, 37-40, 46-47, 56, 87, 111, 113-114

意味拡張　79-80, 112

意味フレーム　28, 70-74, 82-83, 85, 108-110, 123-124

因果連鎖　28, 32, 37, 39, 41, 71-73, 76, 108

迂言的　131-132

［か行］

下位語　45-47, 51, 55-56

基本述語　3-4, 6, 8-10, 15-16

経験的主張　23

軽動詞　129-134

経路尺度　32-35

結果構文　104

語彙化制約　16, 22, 102

行為動詞　7, 10, 18, 37, 44, 57-59, 73, 83, 105, 116, 124, 148, 157, 162-163, 165, 172, 176, 177

構造項　14, 16-17, 173

語根項　15, 17, 33, 34, 41, 99, 165, 168-169, 172-174

［さ行］

使役的結果状態　11, 22, 28-29, 72-74, 109, 156

使役動詞（使役的状態変化動詞）　2, 5, 6, 10-11, 16-17, 28-29, 42, 43-44, 61, 73, 102, 105-106, 147-148, 152, 154, 156, 167-168, 172

使役交替　5, 28

自動詞（用法）　5-9, 16-18, 28, 30, 33, 34, 40, 86, 87-94, 107, 113, 116-117, 122, 147, 165-166, 169

主観的解釈　56, 59, 62, 66

主題的内容　133-134

上位語　45-47, 52-53, 55

状態動詞　8-9, 10, 12, 15-16, 18, 23, 43-44, 61, 73, 80, 85, 88, 91, 100, 111, 147-148, 152, 160-161,

191

172, 177

事象スキーマ（事象構造鋳型）
10-19, 28-29, 32, 37, 43-44, 70-
74, 81-87, 91-94, 98, 102-110,
114, 124, 147-148, 154, 156-160,
164-165, 167, 173-174, 180

尺度のある変化　25-35

尺度のない変化　35-41

心的走査　80, 84-85

スキーマ増設（鋳型の増設）　95,
104, 109, 166-170

スキーマ的意味　78-79, 83, 85,
108-109

選択制限　137

［た行］

他動詞（用法）　3, 5-18, 28, 30, 33,
34, 40, 94-108, 109, 116, 118, 122,
132, 147-183

達成目的語　161-164, 166, 168-
170, 179-181

中核的他動詞　154-174

到達動詞（起動動詞）　4-5, 10-11,
17, 28-29, 32, 42, 43-44, 61, 73,
80, 84-85, 91-93, 147-148, 157-
159, 161, 172, 178

特性尺度　27-32

［な行］

認知言語学　10, 73, 78

［は行］

破棄可能性　47-48

「走る」　75-86

範囲尺度　27

被影響度　151, 155-157, 162, 170,
174-180

非中核的他動詞　170-174

被動者（被動作主）　149-182

被動目的語　164, 166, 179

複合事象スキーマ　10-11, 16, 147

フレーム意味論　70

プロトタイプ的意味　79-80, 83,
88, 109, 111-112

プロファイル　28-29, 37, 71-74,
83-85, 90, 108-110, 123-124

［ま行］

目的語　2-9, 12, 27, 33, 34, 41, 65,
95-108, 116, 118, 127, 129, 131-
134, 136-144, 149, 153, 154-182

目的動詞　43-68, 72, 80, 98, 102,
106, 109

［や行］

様態・結果の相補性　22-23, 163

［英語］

assassinate　134-137, 141-144

build　161-169, 179-182

索 引　　193

cheat　54, 59, 62-63, 66-67

descend　32-34

die　31

dig　169-170

enter　34-35

exercise　39-41, 46-51, 53-54

greet　56

help　53-54, 59, 62-66

jog　36-39, 46-49

kill　134-141

run　87-109, 113-124

swim　46-51

walk　36, 38-39, 113-124

warm　29-31

出水　孝典　（でみず　たかのり）

　1973年2月大阪府生まれ。立命館大学で英語学・言語学を学ぶ。立命館大学博士課程（文学研究科，英米文学）を2000年に単位取得満期退学。2014年3月文学博士（立命館大学）。立命館大学言語教育センター外国語嘱託講師，神戸学院大学人文学部人文学科准教授を経て，2017年より神戸学院大学人文学部人文学科教授。

　専門は語彙意味論で，近年は様態・結果の相補性が言語にどう反映されるのかを研究している。主要業績：*Lexicalization Typology and Event Structure Templates: Toward Isomorphic Mapping between Macro-event and Syntactic Structures*（2015年，開拓社），『動詞の意味を分解する ── 様態・結果・状態の語彙意味論 ──』（開拓社言語・文化選書71）（2018年，開拓社），「fall と自動詞 drop ── 物理的下方移動を表す場合の使い分け ──」（2017年，『英語語法文法研究』），「動詞 drop の例外性」（2018年，*KLS*）など。

続・動詞の意味を分解する
── 変化の尺度・目的動詞・他動性 ──　　　＜開拓社 言語・文化選書82＞

2019年10月25日　　第1版第1刷発行

著作者　　出 水 孝 典
発行者　　武 村 哲 司
印刷所　　日之出印刷株式会社

発行所　　株式会社　開 拓 社
〒113-0023 東京都文京区向丘 1-5-2
電話　（03）5842-8900（代表）
振替　00160-8-39587
http://www.kaitakusha.co.jp

© 2019 Takanori Demizu　　　　　　　　ISBN978-4-7589-2582-2　C1380

JCOPY ＜出版者著作権管理機構 委託出版物＞

本書の無断複製は著作権法上での例外を除き禁じられています。複製される場合は，そのつど事前に，出版者著作権管理機構（電話 03-3513-6969，FAX 03-3513-6979，e-mail: info@jcopy.or.jp）の許諾を受けてください。